知りたい！
さっぽろの大雨災害

札幌市浸水ハザードマップを徹底解説

鈴木英一［編著］

亜璃西社

空から見た札幌へ流れ込む河川

大雪山系などを水源とする石狩川が旭川方面から、
豊平川が定山渓方面から、札幌に流れ込みます。

旭川市

「カシミール3D」で作成

石狩川の最下流部にある札幌は、石狩川が氾濫して造った平らな低地に、豊平川や琴似発寒川などが山地から運んだ土砂の堆積によって造られた街です。長い間、洪水の被害を受けながら発展し、今では197万人が住む大きな街になっています。

大雪山系

石狩川

豊平川

札幌市

石狩湾

定山渓

知りたい！ さっぽろの大雨災害 ＊ 目次

1.
札幌に迫る
水害の危機

札幌も例外ではない
全国で発生する災害事例

昭和56年、台風15号による大雨で豊平川が氾濫。写真は東米里での冠水被害の状況（出典：札幌市白石区ＨＰ「昭和56年台風15号災害（東米里）」）

近年、全国各地で発生している
大雨による水害ですが、
札幌も他人ごとではありません。
温暖化による大雨は、
札幌でいつ発生してもおかしくない状況です。
ここでは全国の事例を紹介しながら、
水害の恐ろしさを再確認します。

土砂崩れ・土石流

　平成 26(2014)年 8 月豪雨により、広島県広島市で土砂崩れや土石流が発生して、多くの住宅が飲み込まれる被害が発生しました。【死者 74 名、家屋全壊 179 棟】

広島市安佐南区緑井の土石流による被災状況（出典：国土交通省ＨＰ「水害レポート 2014」）

がけ崩れ

　平成 27 年 9 月の豪雨により、栃木県鹿沼市の日吉地区でがけ崩れが発生し、人家 3 戸が巻き込まれました。**【死者 1 名、家屋全壊 1 戸】**

日吉地区の土砂災害状況

死者：1 名
家屋全壊：1 戸
家屋半壊：2 戸

（出典：国土交通省ＨＰ「水害レポート 2015」）

地すべり

　令和元(2019)年10月東日本台風による豪雨により、群馬県富岡市で地すべりが発生しました。【死者3名、負傷者3名、家屋全壊1戸、半壊5戸】

（出典：国土交通省ＨＰ「令和元年の土砂災害」）

令和3年7月に長野県長野市で発生した地すべりの状況

（出典：国土交通省ＨＰ「令和3年の土砂災害」）

洪水（堤防の決壊による氾濫）

　令和元年 10 月東日本台風による豪雨により、長野県を流れる千曲川で越水により堤防が決壊し、広範囲に洪水（外水氾濫）が発生しました。【**長野市全体の被害状況：死者 2 名、重軽傷者 94 名、全半壊 2,390 棟、一部損壊 1,684 棟**】

堤防が決壊した信濃川水系千曲川（長野県長野市、令和元年 10 月 13 日）
（出典：国土交通省ＨＰ「水害レポート 2019」、河川名や堤防決壊箇所などの注釈を追記）

河岸侵食

　平成 30 年 7 月豪雨により、豊平川と同じような急流河川である広島県広島市を流れる瀬野川（二級河川）で、洪水の侵食により河岸（護岸）が崩落し、国道が通行止めになりました。

（出典：国土交通省中国地方整備局ＨＰ「記憶〜平成 30 年 7 月豪雨と復旧への記憶〜」）

地下への浸水

　福岡県では、平成11年と平成15年に発生した洪水で、市街地に氾濫した水が地下に流れ込み、地下空間が浸水する被害が発生しました。平成11年の洪水では地下に取り残された作業員1名が亡くなりました。

福岡市営地下鉄博多駅
筑紫口の状況
（平成11年6月29日）

福岡市営地下鉄博多駅の状況
（平成11年6月29日）

福岡市営地下鉄博多駅
筑紫口の状況
（平成15年7月19日）

（出典：国土交通省ＨＰ「地下空間の浸水事例」）

内水氾濫

＊38 ページ参照

　平成 30 年 7 月豪雨により、西日本を中心に多くの地域で内水氾濫が発生しました。

市街地の浸水状況（京都府舞鶴市）

住宅地の浸水状況（岡山県岡山市）

（出典：国土交通省ＨＰ「水害レポート 2018」）

2.
札幌で発生する大雨

地球温暖化で起こる豪雨の仕組みを知る

市内での局地的大雨による被害状況。左は平成25年8月の西区発寒、右は平成29年7月の白石区北郷の冠水被害（出典：札幌市ＨＰ「札幌市雨に強いまちづくりビジョン〈平成30年3月〉」）

地球温暖化の影響で、
これまでに体験したことのない大雨が、
台風や前線、線状降水帯によって
もたらされる可能性が高まっています。
ここでは、これから発生するかもしれない
大雨の仕組みを説明し、
理解を深めてもらいます。

札幌で発生する水害の仕組みとは？

これまでの札幌の気象とその変化

❶冬の寒さが厳しく、降雪量も多い。

❷その反面、夏場は本州のような梅雨がなく、初夏から秋にかけて気温も低いため、湿度の少ない爽やかな気候で過ごせる。年降水量は1,146.1㎜と本州の1,800㎜に比べて少ない。

> このため札幌では、大雨による洪水や土砂災害が少ないと考えられてきました。しかし、ここ20年ほどは気温が上昇しており、大雨も増加する傾向にあります。

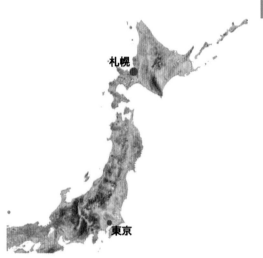

札幌と東京の平均気温（上）と平均降水量（下）

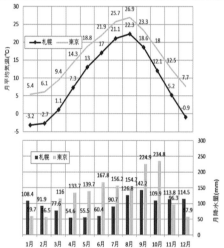

札幌の大雨は近年増えています

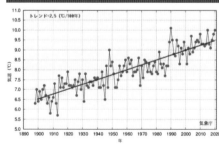

札幌の年平均気温（1898〜2020年、単位：℃）
黒の折り線は各年の気温、赤の直線は長期的な変化傾向を示しています

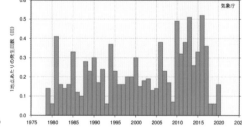

北海道地方の短時間強雨（1時間降水量30㎜以上）の年間発生回数の経年変化（1979〜2020年、アメダス1地点あたりの発生回数）

（「日本の気象変動2020／都道府県版リーフレット」に基づく北海道の気候変動）

札幌の洪水の原因は、台風と前線と線状降水帯

札幌では、明治22(1889)年から平成12(2000)年までに25回の洪水が発生しています。その原因の6割は台風の直撃で、3割は低気圧に伴う前線でした。さらに近年は、線状降水帯による集中的な豪雨も観測されています。また、地形性の降雨も頻発していますが、そのほとんどは小雨です。

台風直撃のパターン

海水面温度が高くなると、台風は勢力を保ったまま北海道近辺まで来て、札幌を直撃するパターンが考えられます。

前線のパターン

台風や低気圧が本州の方から暖かい湿った空気を送り込み、北側（大陸側）から寒気団が入り込むことで、札幌近辺で前線を形成し大雨をもたらすパターンです。

線状降水帯のパターン

海水温が高い状態で、海域から湿った風が狭い幅で吹き込むと、海水面から取り込んだ水蒸気が狭い陸域に流れ込み、集中豪雨をもたらすパターンです。

地形性降雨のパターン

海上からの湿った風が陸地の山で冷やされ、水蒸気が小さな水滴となって雲を形成し、曇りや小雨になります。日々の曇り空の多くは、このパターンです。

いずれのパターンも、温かい海水面から大量の水蒸気が大気に供給されることで、海に近い札幌付近に大雨を降らせ、洪水の原因となります。

（出典：札幌市公式ＨＰと北海道の水害統計）

地球温暖化の影響により、海面水温は上昇しています

◆日本海も太平洋も、それぞれの海面水温は年々上昇しており、日本近海全海域の平均海面水温は、この 100 年間でおよそ 1.19℃上昇しています。

◆この 20 年間だけでも、かなりの海面水温の上昇が見られます。特に、北海道の西側にあたる日本海の海水面の水温は、1.80℃と上昇の幅が大きくなっています。

日本近海の全海域平均海面水温〈年平均〉の平年差の推移（1912 〜 2020 年）

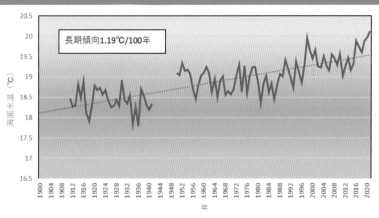

長期傾向1.19℃/100年

近海の海域平均海面水温の上昇率（℃ /100 年）

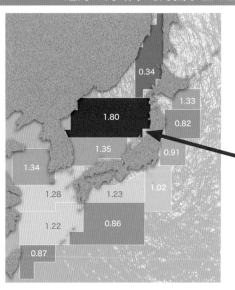

この 20 年間だけでも、北海道西方の日本海では、海面水温が大きく上昇しています。

海面水温の上昇は今後さらに続きます

◆温暖化対策が適切に行われない場合、21世紀末には北海道近辺の海域における平均海面水温は4℃も上昇し、本州と比べてもその上昇率は高くなると予想されています。

◆地球温暖化の影響と考えられる海面水温の上昇は、今後さらに続くことが予想されます。

21世紀末の海域平均海面水温の上昇温度（20世紀末との比較）

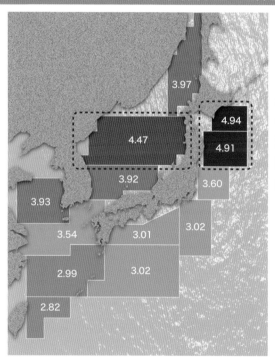

北海道近辺は、対馬海流や黒潮の勢力が増すため、21世紀末には4℃以上も海水温が上昇すると考えられています。

札幌の気温はさらに上昇し、大雨は増加します

◆札幌の平均気温は、21世紀末には、20世紀末よりも1.7℃〜4.9℃上昇します。

◆1時間当たり30㎜以上の短時間豪雨の発生は、この40年間で1.6倍になりました。さらに21世紀末には1.7倍〜4.1倍になります。同時に、100年に一度の確率で発生する1時間雨量は、現在は46.8㎜ですが、21世紀末には53.8㎜〜70.2㎜に増加します。

（出典：「日本の気候変動2020」文部科学省・気象庁の資料）

海面水温の上昇と台風による大雨

◆北海道に上陸したこれまでの台風は、周辺の海面温度が低いため、上陸前に衰
退しました。しかし、海面水温が高くなると、衰退せず勢力の強いまま接近、
上陸することになり、大雨が増えます。

平成30年　台風21号の例

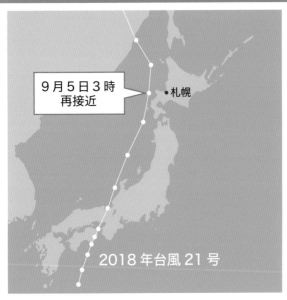

日本海の温かい海水面から大量の水蒸気を吸収したことで、台風の勢力は衰退しないまま北海道に上陸し、札幌などに大雨をもたらしました。

通常、北上する台風は、海上の低い海面水温によって上昇気流が発生することなく、衰退していきます。ところが、平成 30 年 9 月に発生した 21 号台風は、海面水温が高かったため、水蒸気をどんどん吸い上げて発達しました。そして、この勢力を保ったまま函館をかすめ、北海道の南西部から札幌などの中央部にかけて豪雨をもたらしました。

海面水温の上昇と前線による大雨

◆昭和56(1981)年8月3〜6日、札幌で総降水量が293.5mm、床上・床下浸水6,363戸の被害を出す大雨災害が発生しました。この時、台風は本州のはるか南にあり、北海道の大雨とは関係がないように見えます。しかし、台風は温かい海水面から水蒸気を吸収し、湿った空気を北に吹かせ、札幌近傍の日本海にかかった前線を刺激したことで大雨を降らせました。

◆札幌は、日本海にも太平洋にも近い位置にあり、両方の海の影響を受けやすいのです。台風と前線の位置関係に注意することも、大雨への備えとなるでしょう。

寒冷前線の断面図

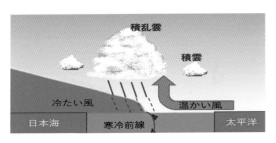

寒冷前線が通過する時は、狭い範囲に短時間で強い雨が降ります。

台風12号の影響を寒冷前線が受けた際の仕組み（昭和56年8月）

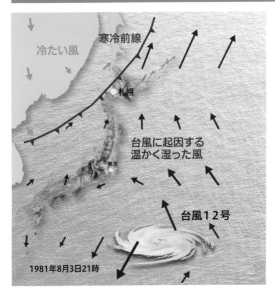

南の海上で発達した台風が、大量の水蒸気を吸収し、温かく湿った風を北に吹込みます。それによって寒冷前線が刺激され、北海道に大雨をもたらしました。

海面水温の上昇と線状降水帯による大雨

◆ 近年、線状降水帯が原因の大雨が、しばしば発生しています。狭い範囲で積乱雲が発生し続け、風に乗って線状の地域に次々と豪雨を降らせる現象です。水蒸気の発生源は、温かい海水面です。どうして線状になるのかについては、諸説あります。

◆ 平成 26 年 9 月 10 日、札幌の南区、豊平区、東区、厚別区などで発生した水害は、この線状降水帯によるものです。

線状降水帯が発生する仕組み

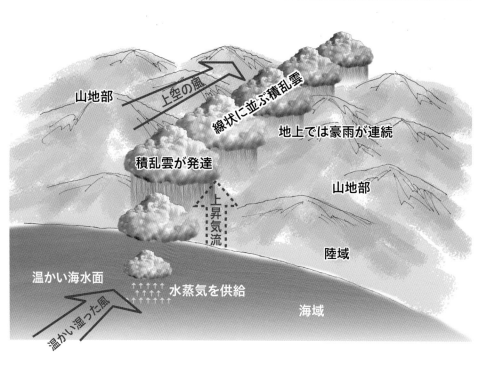

線状降水帯は、長時間にわたって移動せずに同じ位置に留まるため、雨を降らせ続けます。

線状降水帯の発生状況（平成26年9月10日19時30分）

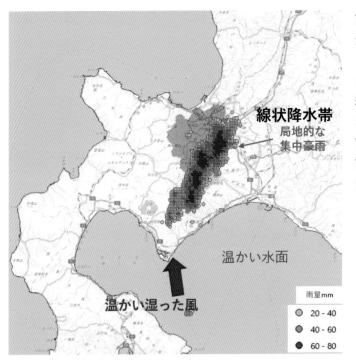

南から吹き込んだ温かく湿った風が、オロフレ峠から支笏湖にかけて次々と高い積乱雲を作り、降水をもたらした例。雨は局地的な集中豪雨をもたらしました。

線状降水帯
局地的な
集中豪雨

温かい水面

温かい湿った風

雨量mm
○ 20 - 40
● 40 - 60
● 60 - 80

線状降水帯の正体を捉えた日本初の画像

◆下は日本で初めて、線状降水帯を可視化した画像です（XバンドMPレーダーによって捉えたもの）。風が吹く方向に沿って短時間のうちに次々と雲が発生し、内陸に強い降雨をもたらしています。

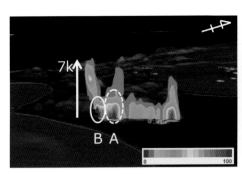

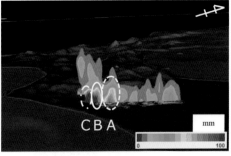

XバンドMPレーダー断面　平成26年9月11日〈左〉19:30、〈右〉19:50

地球温暖化は大気中の水蒸気量を増加させるため、地形性降雨でも大雨となる可能性が高まります

ここまで紹介した台風や線状降雨帯などに加えて、従来の低気圧や前線による大雨でも、気温が高くなると、これまで以上に大気が水蒸気を含むため、大雨になる可能性が高まります。

山に沿った上昇気流の温暖化前後の変化

温暖化前
湿った風
曇り

湿った風は雲が発生する原因に

温暖化後
もっと湿った風
大雨

これまで、山に沿った上昇気流により、山頂付近で雲が発生していました。しかし温暖化により、空気中に含まれる水蒸気量がさらに多くなることで、従来の上昇気流でも、山頂付近から風下にかけて大雨が発生する可能性が高まっています。

温暖化後の上昇気流による降雨（西風のケースと南風のケース）

日本海
手稲山
札幌
高い海水温
湿った西風
大雨
オロフレ山系
大雨
高い海水温
湿った南風
太平洋

日本海や太平洋に挟まれた札幌では、日本海からの湿った西風や、太平洋からの湿った南風が山地で雲を作ることで、大雨をもたらすようになります。

札幌近郊で発生した線状降水帯による土砂災害
—— 支笏湖畔の国道 453 号が土砂崩れで寸断

　22 ページでも取り上げた、平成 26(2014)年 9 月発生の線状降水帯により、道央エリアで局地的に猛烈な大雨が降りました。これにより、北海道で初となる「大雨特別警報（土砂災害、浸水害）」が札幌管区気象台から発表されました。

　結果的に、札幌では大きな被害は出ませんでした。しかし、隣接する恵庭市などでは大雨による冠水や土砂崩れなどが発生し、支笏湖畔の国道 453 号が寸断される大きな被害が発生しています。間一髪で難を逃れた札幌ですが、このような大雨が降る可能性は常にあり、決して油断はできません。

国道 453 号（恵庭市盤尻～千歳市幌美内間）で発生した土石流による被災状況。上は道路の上にくずれ落ちた巨岩。
下は左右とも大量の岩石や土砂で埋め尽くされた道路

3.
札幌で発生する
水害

地形と川の流れによる
水害発生の仕組みと種類

札幌市北区の茨戸地区、篠路地区、屯田地区の氾濫の様子（昭和56年8月23日洪水）

気象の変化に加え、
札幌が持つ地形の特徴とそこに流れる川が、
水害の発生に大きな影響を与えます。
ここでは、大雨によって札幌で発生する
洪水や内水氾濫・土砂災害など
水害の仕組みを説明します。

札幌の鳥瞰図

札幌を北の上空から眺めた図です

火砕流台地

空沼

北広島市

藻岩

野幌丘陵

月寒川

伏籠川

札幌駅

厚別川

❷ 豊平川

創成川

東

発寒川

石狩市

当別町

茨戸川

❶ 石狩川

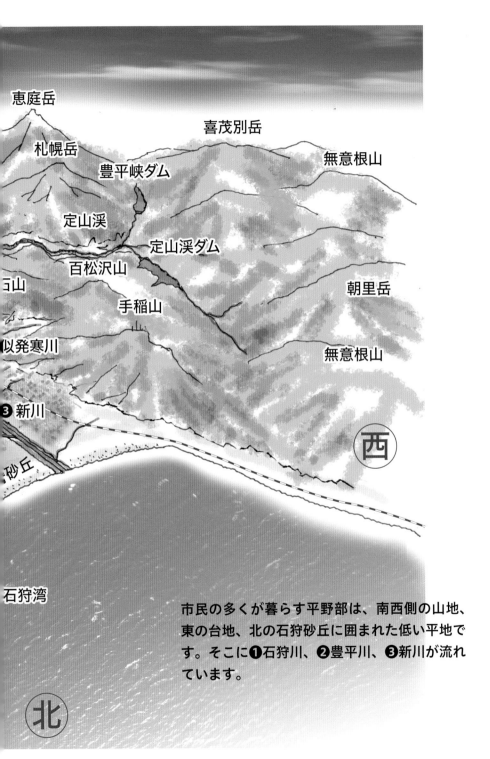

恵庭岳

喜茂別岳

札幌岳

豊平峡ダム

無意根山

定山渓

定山渓ダム

百松沢山

□山

朝里岳

手稲山

以発寒川

無意根山

❸新川

西

砂丘

石狩湾

市民の多くが暮らす平野部は、南西側の山地、東の台地、北の石狩砂丘に囲まれた低い平地です。そこに❶石狩川、❷豊平川、❸新川が流れています。

北

札幌の水害発生のしくみ

大雨

● 山に降った大雨は川に流れ
　平地に入ると氾濫を起こします

北広島市

森林公園

火砕流台地

がけ崩

洪水流

豊平川

札幌駅

月寒川

氾濫

創成川

江別市

厚別川

伏籠川

札幌市

洪水流

内水氾濫

当別川

発寒

当別町

氾濫

石狩川

茨戸川

石狩

大雨

恵庭岳
札幌岳
流
豊平峡ダム
定山渓
定山渓ダム
琴似発寒川
手稲山
がけ崩れや土石流
洪水流
氾濫
新川
小樽市
石狩砂丘
狩湾

● 山ろくの大雨は
　がけ崩れや
　土石流を起こします

● 平地に降った大雨は
　川や下水道に流れ込めず
　内水氾濫を起こします

※がけ崩れ、土石流
については34 〜 35
ページ、洪水流につ
いては30 〜 33 ペー
ジを参照ください。

札幌市「浸水ハザードマップ」による浸水想定区域

（札幌市令和5年版より）

洪水

　約1000年に一度の確率で発生する大雨で、周囲の川の堤防が壊れたとき、浸水する可能性のある地区をすべて示した図です。

　土砂災害警戒区域も記入しています。

　山地部では土砂災害が、平野部では河川による浸水被害が卓越していることが特徴です。

　住んでいる場所によって注意すべき災害は異なります。

　また、津波浸水想定区域（平成29年北海道公表）も記入していますが、最大遡上高は新川河口で4.99mであり、手稲区手稲山口の一部を除いて札幌には侵入しません。

【浸水の深さに応じて色を分けて表示しています】

10m以上	3階以上が浸水。場所によっては家が破壊され、流失するおそれ。
5m以上 10m未満	
3m以上 5m未満	2階まで浸水。場所によっては家が破壊され、流失するおそれ。
0.5m以上 3m未満	1階部分が浸水。床上が浸水。
0.5m未満	大人のひざまでつかる。床下まで浸水。

土砂災害警戒区域　令和4年4月1日時点

凡例		
	────	区境
	┅┅┅	JR
	┄┄┄	地下鉄・市電
	🚇	JR・地下鉄の駅 市電の停留場
	🏃	指定緊急避難場所 兼 指定避難所（基幹）
	●	指定避難所（地域）
	⚠	アンダーパス （主要なもの）
	━━━	高速道路

日本海

津波浸水想定区域

新川

手稲区

手稲駅

小樽市

手稲山

南区

定山渓ダム

定山渓

洪水の危険性を表す「浸水ハザードマップ」

浸水ハザードマップの降雨量は、約1000年に一度の確率で発生する大雨を想定しています。豊平川を例にすると、下の表のようになります。

今まで誰も経験していない大雨ですが、安全のために最悪の事態を想定しています。

大雨の規模	既往最大	治水計画	ハザードマップ
3日間降雨量	229㎜	310㎜	406㎜
起る確率	昭和56年洪水	150年確率	1000年確率

◆浸水想定は、可能性のある場所すべてを示しています

浸水想定とは、さまざまな場所での堤防の決壊を想定して、浸水する可能性のある場所すべてを合わせた図です。大雨の際、必ずその区域が浸水するわけではなく、最悪の場合に浸水する可能性があることを示しています。

堤防の決壊を想定して氾濫を計算

※印：決壊地点
（多くの場所での決壊を想定）

それぞれの場合の浸水区域

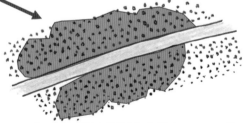

浸水ハザードマップの浸水想定区域

すべての浸水区域を合計して、ハザードマップの浸水想定区域としている

◆浸水深は、その場所で最大となる水深を示しています

　浸水ハザードマップでは、その地域に流れている河川について、それぞれ浸水する可能性をシミュレーション計算して図示しています。

　大雨の際に、必ずその区域が浸水するというわけではなく、最悪の場合、浸水する可能性があることを示しています。

　また、浸水した際の水深も、地面の高さを基準に最も深くなる場合を算出しています。

　このように、浸水ハザードマップでは、浸水の範囲や水深は最悪の状態を想定して表示しています。私たちは、こうしたハザードマップの特性を正しく理解して、大雨時の浸水に備えましょう。

◆ハザードマップでの浸水深の色分け表示と避難する場所

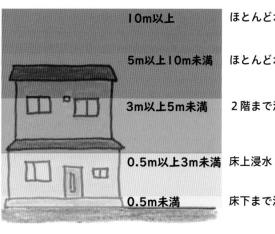

10m以上	ほとんど水没	避難所に避難 家もほとんどが破壊される恐れ
5m以上10m未満	ほとんど水没	避難所またはマンションの4階以上に避難 家が破壊される恐れ
3m以上5m未満	2階まで浸水	避難所またはマンションの3階以上に避難
0.5m以上3m未満	床上浸水	自宅の2階などに避難
0.5m未満	床下まで浸水	自宅で待機

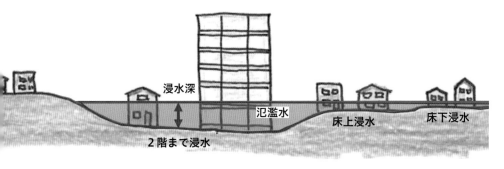

33

土砂災害警戒区域の概観

赤は急傾斜地（がけ崩れ）・土石流の土砂災害警戒区域

清田区
厚別区
豊平区
中央区
西区

土砂災害は、死亡者が多く出る災害です。突発的に発生するため、土砂災害警戒区域に住んでいる方は、札幌市から避難の指示があったら、すぐに避難してください。

予測がはずれて「空振り」になることもありますが、とにかく身を守るためには避難が大切です。決して独断しないでください。

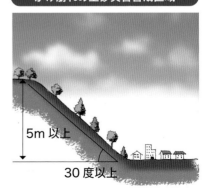

がけ崩れの土砂災害警戒区域

5m 以上

30 度以上

□は地すべりの土砂災害警戒区域

◇**急傾斜地（がけ崩れ）**の土砂災害警戒区域は、傾斜度 30 度以上、高さ 5 m 以上の急傾斜地で、人家に被害の可能性のある区域です。

　市内では 702 か所が指定されています。

◇**土石流**の土砂災害警戒区域は、土石流発生の危険性があり、区域内に人家がある区域です。

　市内では 291 か所が指定されています。

◇**地すべり**の土砂災害警戒区域は、地すべりの危険性があり、人家や公共施設などがある区域で、比較的広い範囲で指定されています。

　市内では 4 か所が指定されています。

土石流の土砂災害警戒区域

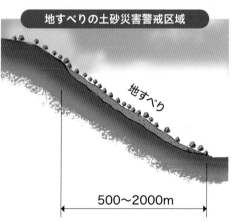

地すべりの土砂災害警戒区域

地すべり

500〜2000m

札幌市「浸水ハザードマップ」による内水の浸水想

125㎜/1時間の雨を想定

内水氾濫

　この図は約1000年に一度の確率で起こる雨に対して下水道に入りきれずに起こる浸水と、下水道から溢れて起こる浸水を緑色で示しています。このような浸水を「内水氾濫」と呼びます。

　下水道区域のほぼ全域で浸水しますが、浸水深はほとんど0.3m未満です。自宅に避難していれば安全です。

　道路のアンダーパスや地下室は水が流れ込むので危険です。地下鉄や地下街にいて浸水が起こった場合は、係員の誘導に従って速やかに避難してください。

　内水氾濫は、川からの外水氾濫よりも早く発生します。帰宅時や避難所へ行く際には杖などで足元の安全を確かめてください。

過去の浸水箇所
この区域内では過去に浸水が発生していますので、着色されていない場所であっても浸水の発生に十分注意してください。

内水氾濫の浸水想定の対象外区域
（下水道で雨を排水していない区域または市外）

土砂災害警戒区域
令和4年4月1日時点

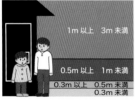

1m以上　3m未満　1階部分が浸水。床上が浸水。

0.5m以上　1m未満

0.3m以上　0.5m未満　大人のひざまでつかる。
0.3m未満　床下まで浸水。

※内水氾濫の浸水深は、洪水による浸水深とは基準が異なります。

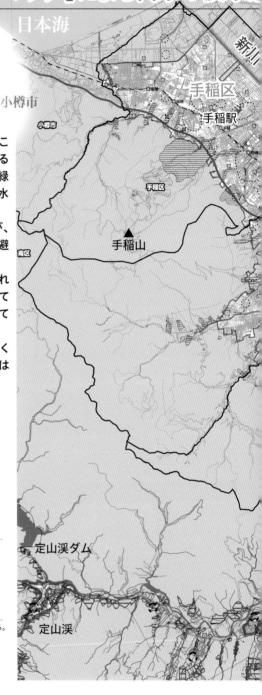

日本海

小樽市

手稲区

手稲駅

手稲区

手稲山

南区

定山渓ダム

定山渓

石狩市

茨戸川

伏籠川

石狩川

当別町

発寒川

創成川

北区

水道区域外ですが
氾濫は発生します！

下水道区域外ですが
内水氾濫は発生します！

石狩市

江別市

モエレ沼公園

丘珠空港

東区

川古雁

江別市

厚別川

月寒川

札幌駅

白石区

厚別区

中央区

札幌市

白石区

新札幌駅

厚別区

中央区

藻岩山

南区

豊平区

豊平区

清田区

南区

豊平区

豊平川

北広島市

下水道からの氾濫を示す「内水ハザードマップ」

下水道と内水氾濫

豪雨

雨水氾濫

雨水氾濫

マンホールから噴き出す

排水口には入りきれない

半地下の内水氾濫対策 土のう

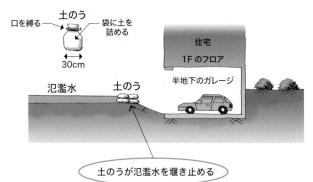

口を縛る

土のう

袋に土を詰める

30cm

氾濫水

土のう

住宅
1Fのフロア

半地下のガレージ

土のうが氾濫水を堰き止める

　内水氾濫は、地上に降った雨が川に流れ込む前に溢れて起こる氾濫です。

　内水ハザードマップは下水道区域を対象に、下水道に入りきれない雨水やマンホールから溢れる雨水がどこまで氾濫するかを示しています。

　現在の下水道は、1時間当たり35mmの雨を流すように整備が進められています。しかし、ハザードマップでは、約1000年に1回の確率で起きる1時間当たり125mmの大雨を想定しています。

　市内全域に浸水が発生するものの、多くは水深が30cm未満と深くはありません。しかし、くぼ地など部分的に水深が深くなる場所もあり、注意が必要です。また、地下道や地下室などは水没する可能性もあり危険です。

　ハザードマップでは、下水道区域以外は内水の氾濫範囲になっていませんが、これは検討範囲外のためです。実際には下水道区域以外で内水氾濫が起きることも多いので注意が必要です。

4.
水害時の
避難方法

私たちにできる
日頃の準備と心構え

昭和56年8月23日洪水では、南区のオカバルシ川で河岸が洗掘され住宅が倒壊した

地球温暖化の影響で発生する大雨で、
札幌各所で起こる水害の可能性を
紹介してきました。
いつか起こる水害の発生に備えて、
私たちにできる日頃の準備と
具体的な避難の方法を学びます。

水害に備えて、私たちができること

ここでは、いつか起こる水害に備えて、私たち一人ひとりができる準備や心構え について考えます。最初に、浸水想定区域内で一人暮らしをする女性を例に、避 難時の判断や避難方法について、具体的にシミュレーションしてみましょう。

＊中央区○条西○丁目の浸水想定区域内に一人で住む
60代のゆみ子さんの場合

　豪雨が続くある日の夕方、テレビではしきりに「洪水や土砂災害に注意」とい うテロップが流れています。ゆみ子さんは、「このまま夜中に洪水になったら大 変なことになるのではないか」「避難したほうが良いのか」とも思っていますが、 どうしたら良いか判断がつきません。

　心配した友人からも「あなたのところは大丈夫なの」と電話が来ました。でも、 どうして良いかわからないので、ゆみ子さんの不安は増すばかりです。

　夜になっても雨は止まず、家の前には大きな水たまりができ、やがて停電にな りました。避難したほうが良かったかもと不安になるゆみ子さんですが、何を持っ てどこに行けば良いのかもわかりません。その日は一晩中まんじりともしません でしたが、朝になって雨はやみ、幸いにも被害はありませんでした。

洪水の時はどのように避難すればいいの？
町内会の防災部長・すずきさんに聞いてみた

　翌日、ゆみ子さんは洪水のときにどのように行動すれば良いかを知りたくて、町内会の防災部長であるすずきさんの家を訪ねました。すずきさんは札幌市の浸水ハザードマップを広げながら、「良い心掛けですね」とうれしそうな顔で話し出しました。

札幌市中央区の浸水ハザードマップ

　「ゆみ子さんの家は、琴似川が氾濫すると浸水して、水深が３〜５ｍになり、２階まで水がつくので避難が必要です。でも、家が壊れるような家屋倒壊等氾濫想定区域や土砂災害警戒区域には入っていないですね」とすずきさん。近くに２階以上のマンションに住む友人がいないので、避難する場所は指定緊急避難場所になっている、浸水深の浅い円山小学校が近くて良いと教えてくれました。

　避難するタイミングや道順についてすずきさんは「テレビやラジオで、**レベル３の高齢者等避難**の発令を確認したら、必要なものを持つなど身支度をして、避難所に向かってください。その時点で、もう避難場所は開設されていますよ」と話します（避難情報の詳細は次頁参照）。

レベル	避難情報の種類	行動
5	緊急安全確保	命を守る
〜〜〜〜【警戒レベル４までに必ず避難】〜〜〜〜		
4	避難指示	すぐに全員避難
3	高齢者等避難	高齢者でなくても避難
2	大雨・洪水注意報	避難行動確認
1	早期注意情報	心構え

ゆみ子さんがメモした、すずきさんからのアドバイス

①避難所までは、家から500m。足が悪いゆみ子さんは、歩くと20分かかる。
②避難経路の道路は、内水氾濫で川のようになり、水の中を歩くことになる。
マンホールの蓋が外れていないかなど足元によく注意すること。
③避難所である円山小学校前の交差点は、水の中を車が走る状態になるので、渡る際は注意が必要。

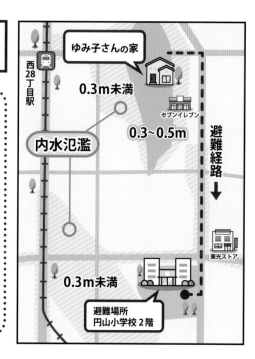

西28丁目駅

ゆみ子さんの家
0.3m未満

内水氾濫

0.3~0.5m

セブンイレブン

避難経路 ↓

東光ストア

0.3m未満

避難場所
円山小学校2階

災害時に発表・発令される避難情報

災害時に気象庁や札幌市から発表・発令される避難情報は、以下の表にもある5つの警戒レベルに分かれています。警戒レベル3は、高齢者等以外の人も必要に応じて普段の行動を見合わせ始めたり、避難の準備をしたり、危険を感じたら自主的に避難するタイミングと考えましょう。また、警戒レベル4までには、必ず避難してください。

	警戒レベル	避難情報の種類	住民の皆さんがとるべき行動
札幌市が発令	5	緊急安全確保	命の危険が迫っているので、自分の安全を確保する
〜〜〜〜〜〜【警戒レベル4までに必ず避難】〜〜〜〜〜〜			
札幌市が発令	4	避難指示	ただちに危険な場所から全員避難する
札幌市が発令	3	高齢者等避難	高齢者ではなくとも、危険な場所から避難する(注)
気象庁が発表	2	大雨・洪水注意報	自分が避難するとしたらどうするか考える
気象庁が発表	1	早期注意情報	災害が起こるかもしれないと心構えをする

(注)札幌市浸水ハザードマップでは「高齢者や障がいのある方」としていますが、すべての方に避難をお勧めします。

これらの情報は、テレビ、ラジオ、インターネット(ホームページ)、緊急速報メール、電話、FAXなどにより知ることができます。

郵便はがき

０６０-８６３７

札幌市中央区南２西５
メゾン本府７Ｆ

㈱亜璃西社
（ありす）

『知りたい!さっぽろの大雨災害』編集部　行

■芳名
ふりがな

（　　　才)
男・女

■ご住所〈〒　　　-　　　〉

■メールアドレス：

■ご職業

■今までに亜璃西社の単行本を読んだことがありますか
　①ある（書名：　　　　　　　　　　　　　　　　　）
　②ない

23.8

『知りたい！さっぽろの大雨災害』愛読者カード

　　ご購読ありがとうございました。お手数ですが、下記のアンケートにお答えの上、恐れ入りますが切手を貼ってご投函下さるようお願い致します。なお、お送りいただいた方の中から、抽選により図書カードをプレゼント致します。

■お買い上げの書店
　◉書店：地区（　　　　　　　　）店名（　　　　　　　　　　　）

　◉ネット書店：店名（　　　　　　　　　　　　　　　　　　　）

■お買い上げの動機
　①テーマへの興味　②著者への関心　③装幀が気に入って
　④その他（　　　　　　　　　　　　　　　　　　　　　　　）

■本書に対するご感想・ご意見をお聞かせ下さい

■今後、どのような本ができたら購入したいと思いますか

　　ご購読、およびご協力ありがとうございます。このカードは、当社出版物の企画の参考とさせていただくとともに、新刊等のご案内に利用させていただきます。

避難するときに持っていくものは？

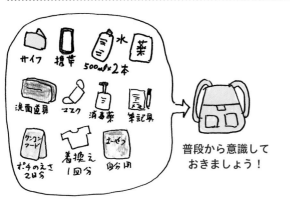

ナイフ
携帯
水 薬 500ml×2本
洗面道具
マスク
消毒薬
筆記具
ワンワンフード
ポチのえさ 2日分
着換え 1回分
オムツ 自分用

普段から意識しておきましょう！

服装

ゆみ子さん
帽子
レインコートなど
足元の水深を測る棒
スニーカーなど

ペットも避難所に入れます

ポチ

ペットは ケージに入れるか リードでつなぐ
ペットフードは 忘れずに（2日分）

長ぐつ
革ぐつ

長ぐつは、中に水が入ると
歩けません！

ゆみ子さんの避難準備

　すずきさんのアドバイスを参考に、ゆみ子さんは避難の際に持っていくものを決めました。足りなかったペットボトルの水と携帯用の消毒薬を買い足し、気に入ったレインハットが見つかったので、スニーカーと色を合わせて購入しました。

　ゆみ子さんは避難時に持参するものをリュックに詰め、ポチと一緒に避難所となる円山小学校まで往復してみました。途中のマンホールなどを確認し、小学校前の交差点の渡り方もイメージし、ポチにも道順を教えました。

　氾濫のもととなる琴似川にも行ってみました。大雨のときには絶対に近づかないようにしようと思いました。

　これで、もう迷わずに自分の身を守れます。早速、知人にも避難方法を伝授しました。

リードや首輪を
忘れないで！

避難時に最大のネックとなる交差点

普段は水も少なく、うるおいの空間となっている琴似川ですが、大雨の際には氾濫する可能性があります。絶対に近づいてはいけません。

避難所の様子を見てみましょう

◇避難所の例

　それぞれに間仕切りが設けられるなど、プライバシーに配慮されるようになっています。トイレも、洋式への切り替えが進められています。

避難場所を示す看板
（マーク）

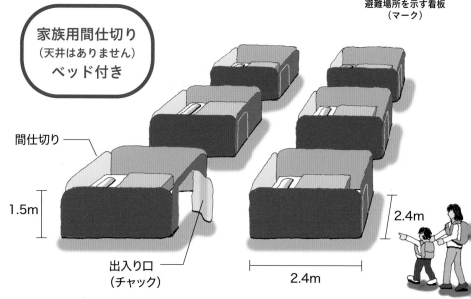

家族用間仕切り
（天井はありません）
ベッド付き

間仕切り

1.5m

出入り口
（チャック）

2.4m

2.4m

避難所のトイレの様子（札幌市立三角山小学校）

土砂災害に備えて、私たちができること

＊手稲区富丘の土砂災害警戒区域内に家族で住む
中学1年のさくらさんの場合

　さくらさんは学校で、昭和56(1981)年に札幌市南区で起きた土砂災害のことを学びました。自分の住んでいる地区のことが心配になったさくらさんは、家に帰るとお父さんに聞いてみました。

　お父さんは、家にあった手稲区の浸水ハザードマップを広げ、「我が家は川の洪水の場合、浸水深が0.5m未満だから自宅待機でいいんだ。けれども、土砂災害警戒区域にぎりぎり入っているから、激しい豪雨のときは土石流が発生する可能性がある。自宅の住所に避難情報が出たら、安全な場所に避難しなければいけないね」と教えてくれました。

札幌市手稲区の浸水ハザードマップ

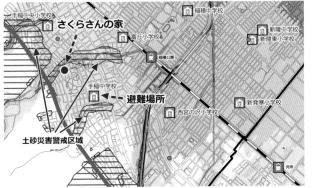

昭和56年に発生した南区の土石流で被災した家屋

上は普段の三樽別川。
下は恐ろしい土石流の模式図

どんなふうに避難すればいいの？

　危険が迫った際は、家族でとにかく早めに安全な場所に避難することにしました。避難場所は自宅から近く、途中に内水氾濫も発生しない手稲中学校にしました。距離は 600 m ですが、大雨なので歩いて 30 分ほどです。

　札幌市から自宅の住所（手稲区富丘○条○丁目）に高齢者等避難（土砂）が発令されたら、すぐに避難をしなくてはいけません。

　その時、さくらさんの家族はどのように行動すれば良いでしょうか。

大雨・洪水警報 発表（気象庁）

　土砂災害は突然発生することが多いので、早めに準備することにしました。

　気象台から**レベル 2 の大雨・洪水注意報**が発表されたら、避難の際に持っていくものを準備します。また、食事も早めに済ませ、おにぎりを用意します。

レベル	避難情報の種類	行　動
5	緊急安全確保	命を守る
～～～ 【警戒レベル 4 までに必ず避難】 ～～～		
4	避難指示	すぐに全員避難
3	高齢者等避難	高齢者でなくても避難
2	大雨・洪水注意報	避難行動確認
1	早期注意情報	心構え

確認

高齢者等避難（土砂）発令（札幌市）

　手稲区富丘○条○丁目に札幌市から**レベル 3 の高齢者等避難（土砂）**が発令されたら、お隣の山田さんにもお知らせして情報を共有します。普段から山田さんには、避難するときは声を掛けますとお話しています。持参品をリュックに詰め、避難するための服装に着替えます。

避難するとき持っていくものを手早く用意します

用意ができたら、すぐ避難します。避難指示は待ちません

不在のお父さんに代わり、さくらさんの先導でお母さん、弟、お隣の山田さん夫婦を連れて避難所の手稲中学校へ避難します。

お父さんと連絡がつかない場合も、避難所に行くことは日頃から家族で確認しているので、後からお父さんも避難所に来ることになっています。

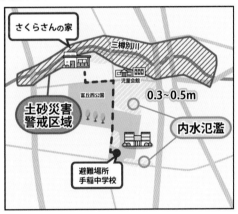

豪雨の場合、カサは使えません。レインコートを用意しておきましょう

レベル4の**避難指示（土砂）**が発令された時、まだ避難していない場合は、とにかく急いで避難してください。持っていくものの用意がなくても、財布と携帯だけ持って避難し、命を守りましょう。避難所は安全です。

緊急安全確保発令（札幌市）　避難ができなかった場合

　万が一、避難できずに**レベル5**の**緊急安全確保**が発令された時は、すでに災害が発生しているか、またはそのおそれがあります。外には出ず、家の中で斜面から一番離れた2階の部屋に避難します。絶対にあきらめず、安全を確保します。

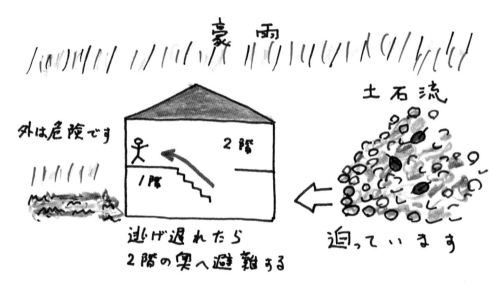

　土砂災害警戒情報は、気象台と北海道庁が降雨状況と地形・地質、湿潤状況を考慮して発表し、これに基づいて札幌市は、住所を指定して高齢者等避難などを発令しますが、予報が当たらず「空振り」することもあります。現在の科学技術の限界です。もし空振りだった時は、"命を守る練習"だったと考えましょう。
　なお、土砂災害警戒区域から離れた区域に住んでいる方は、避難の必要はありません。念のため道路の寸断や断水、停電には備えておきましょう。

新しい治水「流域治水」とは？

強大化する水害・土砂災害から人と街を守るため、
新しい治水「流域治水」が始まりました！

これまでの治水は行政が中心でした

150年に一度の確率で発生する大雨を計画雨量として、川から溢れないように安全に洪水を海へ流すことを目指してきました。
＊札幌市、北海道、開発局が頑張る／＊治水ダム、堤防、遊水地で洪水を防ぐ

これからの新しい治水「流域治水」

計画以上の大雨も降ることを前提に、命は絶対に守る、被害は最小にするという治水です。
＊札幌市、北海道、開発局は当然頑張る
＊森林管理局、北電、運輸業、商工業、建設業、農林業、市民もそれぞれのできる範囲で被害の軽減対策を行います

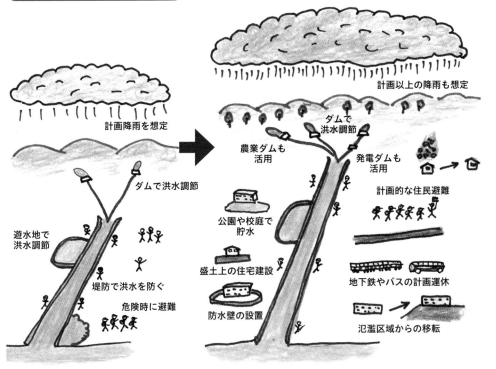

[これまでの治水]

計画降雨を想定
ダムで洪水調節
遊水地で洪水調節
堤防で洪水を防ぐ
危険時に避難

[流域治水]

計画以上の降雨も想定
ダムで洪水調節
農業ダムも活用
発電ダムも活用
計画的な住民避難
公園や校庭で貯水
盛土上の住宅建設
防水壁の設置
地下鉄やバスの計画運休
氾濫区域からの移転

流域治水のイメージ図 （国土交通省 HP より）

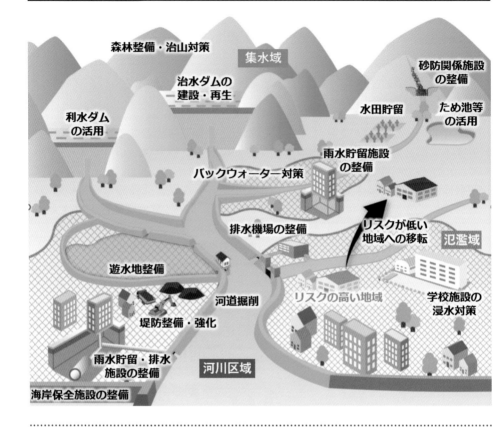

流域治水では企業も、治水の重要なプレーヤーです

企業として水害被害軽減のためにできること

◇ＢＣＰ計画（水害時の事業継続計画）を作る。
◇タイムライン計画（水害時の社員・企業の行動計画）を作る。
◇水害に強い建物にする。
　●盛り土をして建物の地盤を上げる。
　●建物に浸水しないように防水壁を造る。
　●トイレやキッチンを２階へ移設する。
　●エアコンの室外機を高所へ移設する。
◇雨水貯留・浸透施設を造る。

わたしたち市民も、治水の重要なプレーヤーです
札幌市から発令される防災情報を知りましょう

防災情報の例

◇警戒レベル3の高齢者等避難（洪水）

令和○年○月○日○○時

【○○川高齢者等避難】　◎警戒レベル3　○○川氾濫の危険性が高まることが予想されるため、高齢者等避難を発令　◎対象地域：札幌市○○区△△、□□　◎行動：避難準備。高齢の方など避難に時間のかかる方は避難を開始してください　◎詳細住所・避難所：洪水ハザードマップ、テレビ、ラジオ、HP等を参照

ハザードマップを知りましょう！

家族で話し合う

避難訓練をする

ハザードマップを知る

となり近所のみなさんや町内会で話し合っておくことも大切です。

　なお、「札幌市浸水ハザードマップ」は全戸配布されているほか、市役所の危機管理対策室、各区の市民部でも入手できます。また、札幌市の公式HP「災害危険箇所図」でも見ることができます。

自宅の被害を軽減するためにできること

1 排水口の清掃

道路上の排水口の木の葉やごみを取り除いておく

2 土のうや水のうを用意する

土のう

土のう袋（1枚100円位、ホームセンターで)

土を詰めて口をしばる

水が侵入する所に積んで防御する

水のう

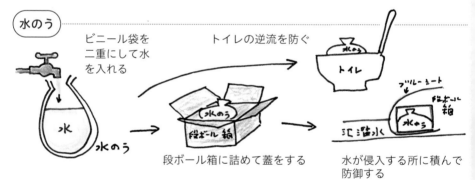

ビニール袋を二重にして水を入れる

トイレの逆流を防ぐ

段ボール箱に詰めて蓋をする

水が侵入する所に積んで防御する

3 排水ポンプを用意

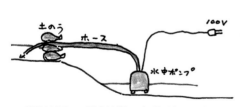

100V 50〜200W位、毎分10〜100L
ホームセンターで2万〜6万円位

4 エアコン室外機を高く移設

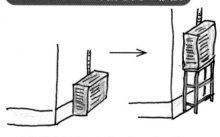

室外機を浸水から守るため高く移設する

5.
札幌市内10区で
発生する水害に備える

各区の水害発生の可能性と
特徴を地区別に解説

急流河川の豊平川では洪水により激流〈三角波〉が発生した（昭和56年8月23日洪水）

札幌市内の10区で
発生する可能性がある洪水などの水害を、
ハザードマップの情報をもとに区ごとに紹介。
さらに、各区のページでは、
想定される洪水の特徴などを
地区別に解説しました。

中央区の洪水特性と防災

豊平川・琴似川の氾濫と地下施設浸水に警戒を

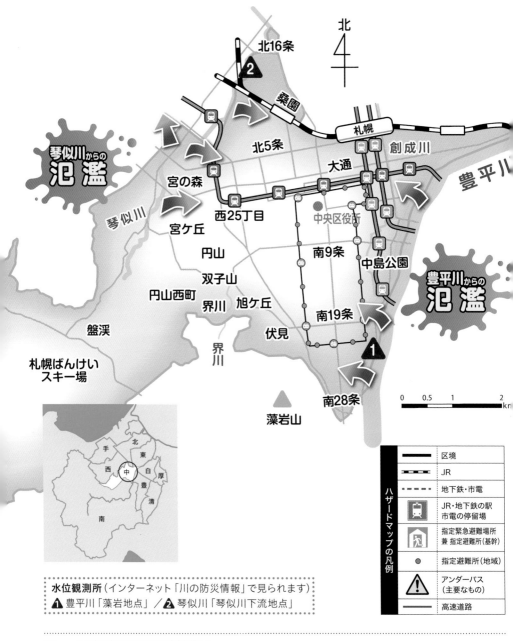

水位観測所（インターネット「川の防災情報」で見られます）
▲ 豊平川「藻岩地点」／ ② 琴似川「琴似川下流地点」

ハザードマップの凡例	▬▬▬▬	区境
	▭▭▭▭	JR
	-------	地下鉄・市電
	🚇	JR・地下鉄の駅 市電の停留場
	🚶	指定緊急避難場所 兼 指定避難所（基幹）
	●	指定避難所（地域）
	⚠	アンダーパス （主要なもの）
	▬▬▬▬	高速道路

◆中央区の東側は、山地から水を集めた豊平川が平地部へ注ぎ込むところで、扇状地になっています。豊平川左岸から氾濫すると、洪水は市街地を流れ、北区や東区に向かって浅く流れていきます。また西側では、藻岩山ろくから琴似川が桑園方向に流れています。氾濫した場合、琴似川近くで浸水深が深くなるので注意が必要です。

◆創成川と界川は、小河川ですが、豪雨時には近辺で氾濫の発生する可能性があります。注意しましょう。

中央区と豊平区の境を流れる豊平川。その左岸に広がる中央区の市街地を望む

◆内水については、豪雨の際に下水道に入りきれず氾濫する可能性があります。区内のほとんど全域で発生する可能性があり、桑園駅周辺などには浸水深0.5m以上の箇所も点在します。しかし、大半は0.3m未満の浸水深なので、外出する場合は十分注意を払ってください。

◆中央区には、札幌駅や大通を中心に地下街や地下鉄駅などが多くあります。このような地下では、浸水が始まると地上に脱出しづらくなります。構内放送などで避難の呼びかけがあった場合は、指示に従って避難しましょう。

◆創成トンネルや線路をくぐるアンダーパスは浸水の危険があるため、氾濫時には迂回してください。

☆円山や宮の森などの山裾や渓流沿いでは、がけ崩れ（96か所）や土石流（59か所）、地すべり（1か所）のおそれがある**土砂災害警戒区域**が点在しています（令和4年2月現在）。浸水ハザードマップまたは土砂災害避難地図(ハザードマップ)で自宅の災害リスクを確認し、豪雨時に**レベル3**の**高齢者等避難（土砂）**が発令されたら、避難所など安全な場所に避難が必要です（46～47ページ参照）。

中央区のハザードマップ【その1】

家屋倒壊等氾濫想定区域

流速が早く、木造家屋が倒壊する
おそれのある区域（氾濫流）

洪水の際に地面が削られる
おそれのある区域（河岸侵食）

土砂災害警戒区域
令和4年4月1日時点

N

JR学園都市線

JR
函館本線

二十四軒

桑園

北区

札幌

さっぽろ

苗穂

浸水深3m以上

創成川

豊平川

西28丁目

中央区

西11丁目

大通

バスセンター前

円山公園

西18丁目

菊

中央区役所前

すすきの

豊水すすきの

円山

西線9条旭山公園通

山鼻9条

中島公園

西線14条

幌平橋

豊平区

静修学園前

旭ケ丘

⚠ アンダーパス（主要なもの）

ロープウェイ入口

避難所ですが、洪水・土砂
災害時には使用できません

伏見

中央図書館前

東屯田通

南区

南25条

【浸水の深さに応じて色を分けて表示しています】

10m以上	3階以上が浸水。場所によっては家が破壊され、流失するおそれ。
5m以上 10m未満	
3m以上 5m未満	2階まで浸水。場所によっては家が破壊され、流失するおそれ。
0.5m以上 3m未満	1階部分が浸水。床上が浸水。
0.5m未満	大人のひざまでつかる。床下まで浸水。

＊中心市街地（JR函館本線〜南28条の西25丁目より東側）

◆豊平川と創成川から
の氾濫が想定されま
す。創成川より西側
の浸水深は、大部分
が0.5m未満のため
自宅待機で大丈夫で
す。しかし、豊平川
沿いや創成川の東側
は浸水深が3m未満
なので、安全な場所

札幌駅前
想定浸水深50cm程度

街路を流れる氾濫のイメージ

か自宅等の2階以上に避難が必要です。また、市街地内の道路は川のようになり、氾濫水の流速が早いため歩行は困難です。

◆豊平川の堤防付近は、**家屋倒壊等氾濫想定区域**になっています。この付近に住む方は、**レベル3の高齢者等避難**が発令されたら、避難所など安全な場所に避難してください。

◆下水道で雨水を排水しきれずに発生する内水氾濫については、ほとんど全区で浸水深が0.3m未満です。蓋の外れたマンホールや側溝などに落ちないよう、十分に注意してください。

◆創成トンネル、地下街、地下鉄、ビルの地下などは内水・外水氾濫に関わらず浸水する可能性がありますので、氾濫時には入らないでください。中に居たときには、係員の指示に従って避難してください。

＊伏見地区から南28条にかけての西側の山ろく

◆この地区西側の山ろく一帯は、土石流やがけ崩れのおそれのある**土砂災害警戒区域**が多くあります。この区域にお住いの方は、**レベル3の高齢者等避難（土砂）**が発令されたら、ただちに避難所など安全な場所に避難してください。

中央区のハザードマップ【その２】

【浸水の深さに応じて色を分けて表示しています】

10m以上	3階以上が浸水。場所によっては家が破壊され、流失するおそれ。
5m以上 10m未満	
3m以上 5m未満	2階まで浸水。場所によっては家が破壊され、流失するおそれ。
0.5m以上 3m未満	1階部分が浸水。床上が浸水。
0.5m未満	大人のひざまでつかる。床下まで浸水。

家屋倒壊等氾濫想定区域

流速が早く、木造家屋が倒壊するおそれのある区域（氾濫流）

洪水の際に地面が削られるおそれのある区域（河岸侵食）

土砂災害警戒区域
令和4年4月1日時点

⚠ アンダーパス（主要なもの）

❌ 避難所ですが、洪水・土砂災害時には使用できません

西区

JR学園都市線

JR函館本線

八軒

琴似

二十四軒

浸水深3m以上

宮の森

西28丁目駅

中央

宮ケ丘

円山公園

西1

中央区役所前

円山

西線9条旭山公園通

双子山

円山西町

地すべり

界川旭ケ丘

西線14

ロープウェイ入

盤渓

伏見

南区

N

洪水ハザードマップから読み取る【中央区】の特性 … その❷

**＊桑園駅周辺から地下鉄西28丁目駅までの間の西側一帯、
および宮の森（1〜4条の1〜10丁目および1〜2条の11〜13丁目）地区**

◆琴似川および界川からの氾濫が想定されます。琴似川は小さな川ですが、集水域は広く、氾濫すると川沿いで浸水深が深く、特に地下鉄東西線沿線の西28丁目駅から二十四軒駅にかけての区間では浸水の深さが3m以上になるところもあり、住宅の2階でも危険なため**レベル3**の**高齢者等避難**が発令されたら、避難所など安全な場所に避難が必要です（マンション等では、浸水深より高い3階以上に避難すれば大丈夫です）。

◆界川は、桑園駅から中央卸売市場、西25丁目通り沿いに南11丁目付近までで氾濫する可能性あります。水深はほとんど0.5m未満ですが、道路が冠水するため豪雨時は注意が必要です。

**＊宮の森（1〜4条の11〜18丁目）、宮ケ丘、双子山、円山西町、界川、
旭ケ丘、伏見、盤渓地区**

◆洪水による浸水のおそれはありません。しかし、山裾や渓流沿いなどにがけ崩れ、土石流、地すべりのおそれがある**土砂災害警戒区域**が多数あります。この区域にお住いの方は、大雨により**レベル3**の**高齢者等避難（土砂）**が発令されたら、避難所など安全な場所に避難してください。

宮の森中学校

上）宮の森中学校周辺から南側の山裾に広がる住宅街
下）円山や宮の森などの山間に広がる住宅街

藻岩山

円山

宮の森

宮ケ丘

北区の洪水特性と防災

石狩川や豊平川、新川の氾濫に警戒を

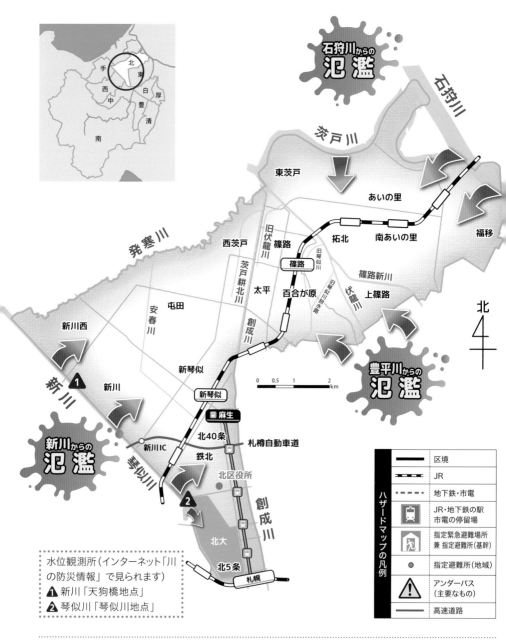

石狩川からの 氾濫

茨戸川

東茨戸

あいの里

旧伏龍川

西茨戸

篠路

拓北

南あいの里

福移

篠路

旧琴似川

篠路新川

太平

百合が原

上篠路

伏龍川

茨戸耕北川

屯田

安春川

創成川

北

新川西

新琴似

新川

豊平川からの 氾濫

1

新琴似

麻生

新川

北40条

札樽自動車道

新川IC

鉄北

新川からの 氾濫

琴似川

北区役所

創成川

2

北大

北5条

札幌

水位観測所（インターネット「川の防災情報」で見られます）
🔺1 新川「天狗橋地点」
🔺2 琴似川「琴似川地点」

━━━	区境
▪▪▪	JR
-----	地下鉄・市電
🚉	JR・地下鉄の駅 市電の停留場
🏠	指定緊急避難場所 兼 指定避難所（基幹）
●	指定避難所（地域）
⚠	アンダーパス （主要なもの）
━━━	高速道路

ハザードマップの凡例

◆北区は南部が扇状地、北部は湿原でした。明治期以前の札幌新道より北部は、石狩川の頻繁な氾濫で大半が湿地のため、開拓は困難を極めました。明治期以降、新川の建設や石狩川、豊平川等の改修など100年にわたる治水事業により、水害は激減しました。しかし、治水計画を上回る大雨時には水害が発生します。

◆現在でも、石狩川や豊平川、新川、琴似川が氾濫すると、北区は浸水します。ほとんどの地区で、浸水深は3m未満で氾濫水の流速も緩いものとなります。しかし、石狩川からの氾濫の場合は洪水の継続時間が長く、浸水の範囲も広域となるため、避難所など安全な場所に避難が必要です。石狩川の影響を受けない地区では、自宅等の2階以上への避難で大丈夫です。

◆マンションにお住いの方も含めて、6月から10月までの出水期には、ペットボトルの水、缶詰、レトルト食品などを3日分ほど常備しておくと安心です。

◆集中豪雨のときは、界川、創成川、発寒川、安春川、茨戸耕北川、旧伏籠川、伏籠川、篠路新川、旧琴似川、旧琴似川放水路などの身近な小河川や下水道、道路側溝から突然水が溢れることがあります。外出や車の運転のときは十分注意しましょう。マンホールや側溝などは水の中で、目視で安全を確認できないため、杖などがあると安心です。

◆北区内のすべての地下鉄駅は浸水するおそれがあります。地下鉄構内にいて、避難の呼びかけがあった場合は、指示に従って地上の安全な場所に避難しましょう。

◆さらに半地下の車庫などでは、浸水への対策として、土のうや水中ポンプなどを準備しておくと安心です。

☆北区に土砂災害警戒区域はありません。

札幌市北区の茨戸地区、篠路地区、屯田地区におよぶ氾濫の様子（昭和56年8月23日）

北区の洪水ハザードマップ【その1】

家屋倒壊等氾濫想定区域

流速が早く、木造家屋が倒壊する
おそれのある区域(氾濫流)

洪水の際に地面が削られる
おそれのある区域(河岸侵食)

土砂災害警戒区域
令和4年4月1日時点

⚠ アンダーパス (主要なもの)

石狩市

西茨戸
旧伏籠川
篠路
篠路
学園都市線
JR
茨戸耕北川
太平
百合が原
発寒川
安春川
屯田
創成川
太平
新川西
北区
手稲区
新琴似
浸水深3m以上
新琴似
麻生
東区
麻生
浸水深3m以上
新川
札幌新道
琴似発寒川
新川
北34条
鉄北
北24条
西区
琴似川
N
八軒
北18条
新琴似
エルムトンネル
北12条
北13条
中央区
札幌
さっぽろ
JR函館本線
界川

【浸水の深さに応じて色を分けて表示しています】

10m以上		3階以上が浸水。場所によっては家が破壊され、流失するおそれ。
5m以上	10m未満	
3m以上	5m未満	2階まで浸水。場所によっては家が破壊され、流失するおそれ。
0.5m以上	3m未満	1階部分が浸水。床上が浸水。
	0.5m未満	大人のひざまでつかる。床下まで浸水。

＊鉄北（北5条から北40条）地区

◆琴似川、豊平川、創成川、界川からの氾
濫で浸水する可能性があります。想定浸
水深は3m未満です。マンションも含め
建物の2階以上に避難しましょう。

　また、地下室、地下鉄、エルムトンネ
ル、札幌新道をくぐる地下通路は、浸水
の危険があるので利用は控えてください。

円部分がエルムトンネル。トンネル内は大雨時の浸水
に注意が必要となる

＊新川地区

◆新川からの氾濫が想定されます。大部分の想定浸水深は3m未満で、自宅等の
2階以上への避難となります。しかし、新川3〜4条の14〜15丁目は3mを超え
るため、**レベル3の高齢者等避難**が発令されたら、避難所に避難してください。

＊新川西地区

◆新川、発寒川からの氾濫が想定され、1〜3条の1〜7丁目は想定浸水深が3m
以上になります。**レベル3の高齢者等避難**が発令されたら、ただちに避難して
ください。その他の地区は3m未満なので、自宅等の2階以上に避難します。

＊麻生地区

◆琴似川、創成川からの氾濫で浸水する可能性があります。ほとんど水深0.5m
未満です。外出は避け、自宅で待機してください。地下鉄は安全が確認される
まで、利用は控えてください。

＊新琴似、屯田地区

◆新川、琴似川、発寒川、安春川からの氾濫が想定されます。水深は0.5m未満ま
たは3m未満です。水深が0.5mを超える場所では自宅等の2階以上に避難します。

＊西茨戸地区

◆石狩川および創成川、発寒川、茨戸耕北川からの氾濫の影響を受けます。想定
浸水深は0.5〜3.0m未満ですが、洪水の継続時間が長いため避難所など安全な
場所に避難してください。

北区の洪水ハザードマップ【その2】

家屋倒壊等氾濫想定区域

流速が早く、木造家屋が倒壊する
おそれのある区域（氾濫流）

洪水の際に地面が削られる
おそれのある区域（河岸侵食）

土砂災害警戒区域
令和4年4月1日時点

石狩市

N

石狩川

当別町

JR学園都市線

浸水深3m以上

東茨戸

あいの里

あいの里公園

浸水深3m以上

西茨戸

拓北

あいの里教育大

福移

旧伏籠川

拓北

南あいの里

浸水深3m以上

屯田

篠路

篠路

創成川

太平

旧琴似川

旧琴似川放水路

伏籠川

篠路新川

百合が原

百合が原

上篠路

太平

新琴似

東区

避難所ですが、洪水・土砂
災害時には使用できません

【浸水の深さに応じて色を分けて表示しています】

	10m以上	3階以上が浸水。場所によっては家が破壊され、流失するおそれ。
5m以上	10m未満	
3m以上	5m未満	2階まで浸水。場所によっては家が破壊され、流失するおそれ。
0.5m以上	3m未満	1階部分が浸水。床上が浸水。
	0.5m未満	大人のひざまでつかる。床下まで浸水。

＊太平、篠路、拓北、福移、東茨戸、百合が原（4～10丁目）地区

◆石狩川、豊平川、創成川、伏籠川、旧伏籠川、旧琴似川、旧琴似川放水路、篠路新川からの氾濫が想定されます。ほとんど全域で想定浸水深は0.5～3m未満です。しかし、浸水の範囲が広く、また浸水している期間が1週間程度におよぶことが想定されるので、避難所など安全な場所に避難しましょう。

＊あいの里（1～3条の1～7丁目）、南あいの里地区

◆ほとんど浸水の心配はありません。しかし、周囲は浸水するので、JRやバス・自動車等は使えません。自宅待機に備え、6月から10月までの出水期は、水・食料を3日分備蓄しておきましょう。

＊上記以外のあいの里、拓北地区

◆浸水深は0.5～3m未満ですが、浸水期間が1週間程度と想定されるので、避難所に避難しましょう。特に6月から10月までの出水期は、水・食料を3日分ほど備蓄しておきましょう。

＊上篠路地区

◆豊平川、旧琴似川、伏籠川、篠路新川からの氾濫が想定されます。伏籠川より西側は、水深0.5m未満で、避難の必要はありません。伏籠川より東側は浸水深が0.5～3m未満なので、自宅等の2階以上に避難します。また、出水期は水・食料を備蓄しておきましょう。

創成川の北側（茨戸川方面）に広がる屯田や篠路等の住宅街を望む

東区の洪水特性と防災

河川の氾濫で長期にわたる浸水の可能性も

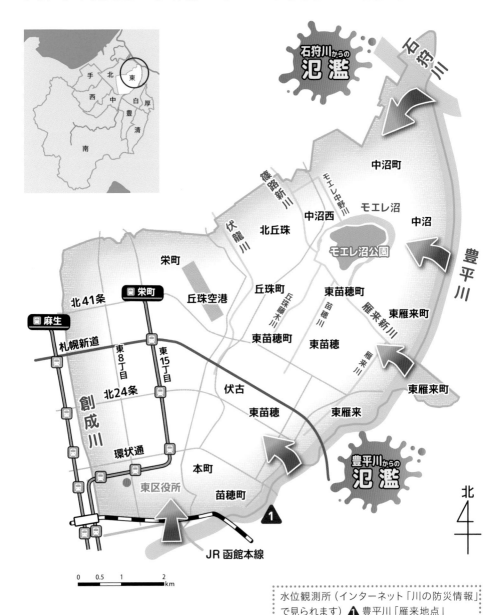

石狩川からの **氾濫**

豊平川からの **氾濫**

石狩川

豊平川

中沼町
中沼西
中沼
モエレ沼
モエレ沼公園
モエレ中野川
篠路新川
伏籠川
北丘珠
栄町
丘珠空港
丘珠町
丘珠藤木川
東苗穂町
苗穂川
東苗穂町
東苗穂
雁来新川
東雁来町
雁来川
東雁来町
伏古
東苗穂
東雁来

北41条
栄町
麻生
札幌新道
東8丁目
東15丁目
北24条
創成川
環状通
本町
苗穂町
東区役所
JR函館本線

北

水位観測所（インターネット「川の防災情報」で見られます） ▲ 豊平川「雁来地点」

◆東区は低地で山がなく、石狩川等の氾濫平野でした。東区の北に石狩川、東に豊平川、西に創成川が流れ、他の区や市町村との境界となっています。また、区内を流れる伏籠川やモエレ沼は、昔の豊平川の名残をとどめています。

◆大雨が降ると、大河川の石狩川や豊平川から溢れて氾濫する可能性があります。東区内を流れる創成川、伏籠川、篠路新川、モエレ中野川、丘珠藤木川、苗穂川、雁来新川、雁来川からの氾濫も想定されます。これらの川が氾濫した場合、水はなかなか引かず、浸水が長期間（1週間程度）になることも想定されます。

◆東区内のすべての地下鉄駅は、浸水のおそれがあります。構内にいて避難の呼びかけがあった場合は、指示に従って地上の安全な場所に避難しましょう。

◆東区から中央区へ向かう場合、線路の下をくぐるアンダーパスを通ります。大雨が降ると水没のおそれがあり、避難ルートに使わないなどの注意が必要です。

◆その他、豊平川沿い等は**家屋倒壊等氾濫想定区域**になっていますので、この区域に住む方は、**レベル3**の**高齢者等避難**が発令されたら、避難所など安全な場所に避難しましょう。

◆内水氾濫については、栄東小学校周辺、地下鉄新道東駅周辺、東苗穂小学校周辺などに、浸水の深さが0.3m以上1m未満の箇所が点在しています。しかし、大半は0.3m未満の浸水深なので自宅待機で大丈夫です。なお、外出する場合は、排水路やマンホール等に注意が必要です。

☆東区に土砂災害警戒区域はありません。

豊平川の左岸側に広がる東区の市街地を望む（豊平川からの氾濫は写真上方、北側の低平地に向かって流れる）

東区の洪水ハザードマップ【その1】

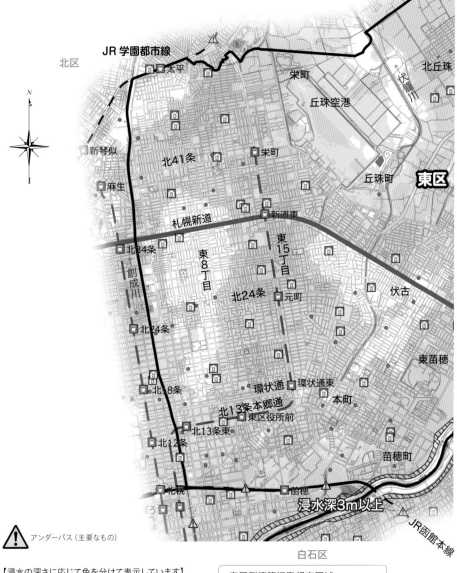

JR 学園都市線

北区

栄町

丘珠空港

北丘珠

N

新琴似

北41条

栄町

東区

麻生

丘珠町

札幌新道

新道東

北34条

東8丁目

東15丁目

伏古

創成川

北24条

元町

北24条

東苗穂

北18条

環状通

環状通東

本町

北13条本郷通

北13条東

東区役所前

北12条

苗穂町

北楡

苗穂

浸水深3m以上

JR 函館本線

⚠️ アンダーパス（主要なもの）

白石区

【浸水の深さに応じて色を分けて表示しています】

10m以上	3階以上が浸水。場所によっては家が破壊され、流失するおそれ。
5m以上　10m未満	
3m以上　5m未満	2階まで浸水。場所によっては家が破壊され、流失するおそれ。
0.5m以上　3m未満	1階部分が浸水。床上が浸水。
0.5m未満	大人のひざまでつかる。床下まで浸水。

家屋倒壊等氾濫想定区域

▨ 流速が早く、木造家屋が倒壊するおそれのある区域（氾濫流）

▨ 洪水の際に地面が削られるおそれのある区域（河岸侵食）

≡ 土砂災害警戒区域
　　令和4年4月1日時点

＊JR函館本線から北13条本郷通の間、苗穂町、本町地区

◆豊平川および創成川から氾濫の可能性があります。浸水深は0.5m未満および3m未満です。自宅の2階など安全な場所に避難してください。

◆豊平川に近接している地区は、**家屋倒壊等氾濫想定区域**となっています。この区域に住む方は**レベル3**の**高齢者等避難**が発令されたら、避難所など安全な場所に避難してください。鉄道を横切るアンダーパスは水没する可能性があるので、大雨時は通行しないでください。

＊北13 ～ 51条の東1 ～ 29丁目、栄町地区

◆北13～51条東1～8丁目および北25～30条東20～22丁目の地区は、地盤高が高いため大半の地域で浸水せず、浸水したとしても0.5m未満です。しかし、周囲は0.5m以上浸水しているので、自宅で待機してください。

　それ以外の地区は浸水深が3m未満となるので、安全な場所か自宅の2階などに避難してください。

＊伏古地区

◆伏古1～2条および13条は豊平川からの氾濫により、浸水深0.5m以上3m未満となるので、安全な場所か自宅の2階などに避難してください。それ以外の地区は浸水しない、または0.5m未満の浸水深なので、自宅で待機してください。

JR函館本線から東区を望む（豊平川からの氾濫は東区の低平地に向かって流れる）

鉄道（JR函館本線）を横切るアンダーパスは、大雨時に水没する可能性があります

東区の洪水ハザードマップ【その2】

家屋倒壊等氾濫想定区域

- 流速が早く、木造家屋が倒壊するおそれのある区域（氾濫流）
- 洪水の際に地面が削られるおそれのある区域（河岸侵食）

土砂災害警戒区域
令和4年4月1日時点

⚠️ アンダーパス（主要なもの）

北区

←石狩川

浸水深3m以上

浸水深3m以上

中沼町
中沼西
中沼
北丘珠
モエレ沼公園
丘珠空港
東雁来
丘珠町
東苗穂町
東区
東苗穂町
東苗穂
東雁来町
伏古
札幌新道
東雁来
東苗穂
豊水大橋
本町
苗穂町
JR
函館本線

江別市

白石区

【浸水の深さに応じて色を分けて表示しています】

10m以上	3階以上が浸水。場所によっては家が破壊され、流失するおそれ。
5m以上 10m未満	
3m以上 5m未満	2階まで浸水。場所によっては家が破壊され、流失するおそれ。
0.5m以上 3m未満	1階部分が浸水。床上まで浸水。
0.5m未満	大人のひざまでつかる。床下まで浸水。

洪水ハザードマップから読み取る【東区】の特性…その❷

＊東雁来、東雁来町、東苗穂、東苗穂町、丘珠、北丘珠、中沼町、中沼、中沼西地区

◆石狩川、豊平川の大河川および東区内を流れる伏籠川、篠路新川、モエレ中野川、丘珠藤木川、苗穂川、雁来新川、雁来川からの氾濫が想定されます。浸水の深さは3m未満ですが、地盤高が低いため、全域的に浸水し、浸水期間も1週間程度と長期になるため、避難所など安全な場所に避難してください。

◆この地域が下水道区域ではないことから、「内水氾濫想定浸水区域図」（札幌市）に内水氾濫地域が示されていません。しかし、昭和50年洪水と昭和56年洪水の際には、広範囲で内水氾濫が発生したこともあり、注意が必要です。

◆モエレ沼は洪水を貯める遊水地です。また、モエレ沼公園内は標高が高く浸水しません。

低平地が広がる東区モエレ沼周辺の状況

白石区の洪水特性と防災

浸水の深さが一部では 3m を超える区域も

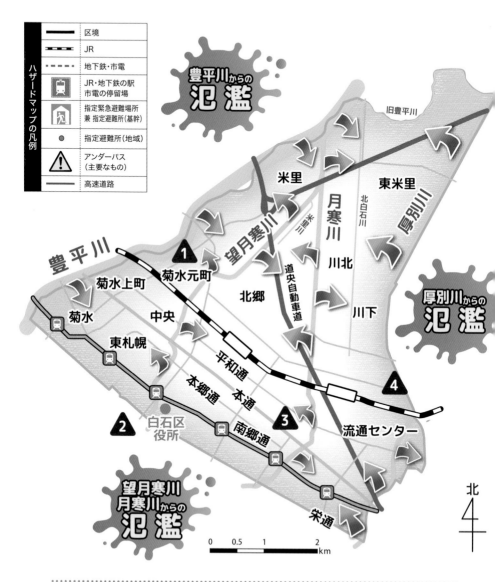

ハザードマップの凡例

▬▬▬	区境
▬┼┼▬	JR
▬ ▬ ▬	地下鉄・市電
🚉	JR・地下鉄の駅 市電の停留場
🏠	指定緊急避難場所 兼 指定避難所（基幹）
●	指定避難所（地域）
⚠	アンダーパス （主要なもの）
▬▬▬	高速道路

豊平川からの **氾濫**

厚別川からの **氾濫**

望月寒川 月寒川からの **氾濫**

旧豊平川

米里
東米里
北白石川
厚別川
月寒川
川北
道央自動車道
川下

豊平川
菊水上町
菊水
東札幌
中央
菊水元町
北郷
望月寒川
三

平和通
本郷通
本通
南郷通
白石区役所
流通センター
栄通

① 豊平川「雁来地点」
② 望月寒川「望月寒川地点」
③ 月寒川「月寒川地点」
④ 厚別川「川下橋地点」

北

0　0.5　1　2 km

水位観測所（インターネット「川の防災情報」で見られます）　▲ 豊平川「雁来地点」／
▲ 望月寒川「望月寒川地点」／▲ 月寒川「月寒川地点」／▲ 厚別川「川下橋地点」

◆白石区は、札幌市内中心部を流れる豊平川と東部を流れる厚別川に挟まれています。区の南部は台地と扇状地、北部には大谷地原野と呼ばれた低地が広がり、開拓前には頻繁に浸水していました。

◆治水事業が進んだ現在では、氾濫は大幅に減少しています。それでも大雨が降ると、西から豊平川、東から厚別川、区内では月寒川、望月寒川、米里川、北白石川、旧豊平川から氾濫のおそれがあります。

◆各河川から氾濫すると、地形に沿って北側に浸水が広がります。その流れが標高の低い月寒川や望月寒川の下流などに集まり、米里・北郷・東米里地区の一部では、3mを越える浸水深となります。2階に避難しても危険が想定されるため、避難所など安全な場所に避難が必要です。

◆また、下水道などから発生する内水氾濫が、白石区全域で発生する可能性もあります。多くは0.3m未満の水深ですが、JR函館本線沿いの菊水上町のアンダーパス周辺、西白石小学校や柏丘中学校周辺、厚別川沿いの大谷地小学校周辺など、1m以上の深さの浸水が生じるところも点在していて、注意が必要です。

☆白石区に土砂災害警戒区域はありません。

豊平川の右岸に広がる白石区の市街地を望む（豊平川からの氾濫は北東に位置する米里に向かって流れる）

白石区の洪水ハザードマップ【その１】

家屋倒壊等氾濫想定区域

流速が早く、木造家屋が倒壊するおそれのある区域（氾濫流）

洪水の際に地面が削られるおそれのある区域（河岸侵食）

土砂災害警戒区域
令和４年４月１日時点

アンダーパス（主要なもの）

避難所ですが、洪水・土砂災害時には使用できません

【浸水の深さに応じて色を分けて表示しています】

10m以上	3階以上が浸水。場所によっては家が破壊され、流失するおそれ。
5m以上　10m未満	
3m以上　5m未満	2階まで浸水。場所によっては家が破壊され、流失するおそれ。
0.5m以上　3m未満	1階部分が浸水。床上が浸水。
0.5m未満	大人のひざまでつかる。床下まで浸水。

＊菊水、菊水上町、東札幌、中央地区

◆西部は豊平川、東部は望月寒川からの氾濫が想定されます。豊平川に近い菊水から菊水上町にかけての浸水の深さは3m未満となり、自宅の2階など安全な場所に避難が必要です。また、東札幌地区では大部分が浸水深0.5m未満のため、自宅での待機で大丈夫です。なお、地下鉄東西線の菊水駅・東札幌駅・白石駅は浸水のおそれがあるため、氾濫時には利用しないでください。

＊平和通、本通、本郷通、南郷通、栄通地区

◆望月寒川、月寒川、厚別川の川沿いの一部は、浸水の深さが3m未満となり、自宅の2階など安全な場所に避難が必要です。それ以外の大部分の地域は、洪水による浸水のおそれはありません。

＊流通センター地区

◆厚別川からの氾濫が想定されます。浸水の深さは3m未満のため、自宅の2階など安全な場所に避難してください。

北から見た望月寒川の状況（JR函館本線より上流側を望む）

白石区の洪水ハザードマップ【その2】

【浸水の深さに応じて色を分けて表示しています】

10m以上	3階以上が浸水。場所によっては家が破壊され、流失するおそれ。
5m以上 / 10m未満	
3m以上 5m未満	2階まで浸水。場所によっては家が破壊され、流失するおそれ。
0.5m以上 3m未満	1階部分が浸水。床上が浸水。
0.5m未満	大人のひざまでつかる。床下まで浸水。

避難所ですが、洪水・土砂
災害時には使用できません

家屋倒壊等氾濫想定区域

流速が早く、木造家屋が倒壊する
おそれのある区域（氾濫流）

洪水の際に地面が削られる
おそれのある区域（河岸侵食）

土砂災害警戒区域
令和4年4月1日時点

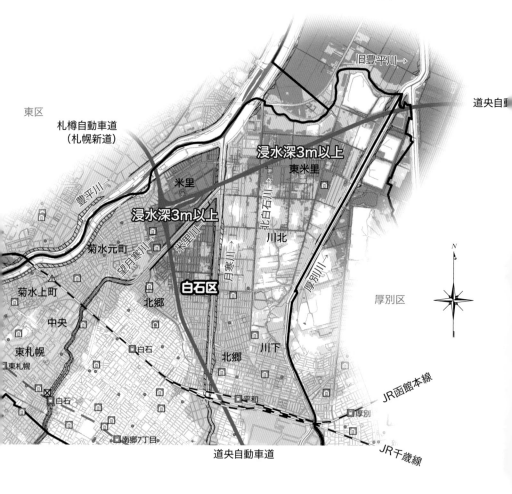

＊菊水元町、米里地区

◆西部は豊平川、東部は望月寒川からの氾濫が想定されます。米里地区と菊水元町の北側の一部では、3m以上の浸水深が想定されるので、**レベル3の高齢者等避難**が発令されたら、避難所など安全な場所に避難してください。それ以外の地区では、浸水深は3m未満のため、自宅の2階など安全な場所に避難が必要です。

＊北郷（月寒川より西側の1〜10丁目）地区

◆望月寒川、月寒川、米里川からの氾濫が想定されます。特に北郷5条より北側の区域では浸水の深さが3m以上になるので、**レベル3の高齢者等避難**が発令されたら、避難所など安全な場所に避難してください。北郷5条より南側では、川沿いが氾濫区域になっています。しかし、浸水の深さは3m未満のため、自宅の2階など安全な場所に避難することで身を守ることができます。

＊北郷（月寒川より東側の11〜14丁目）、川北、川下、東米里地区

◆豊平川と月寒川、厚別川、北白石川からの氾濫が想定されます。東米里地区の一部では浸水の深さが3m以上になるので、**レベル3の高齢者等避難**が発令されたら、避難所など安全な場所に避難してください。それ以外の地域は、浸水の深さが3m未満のため、自宅の2階など安全な場所に避難してください。

北から見た豊平川に合流する月寒川と望月寒川（その周辺に広がる白石区の市街地を望む）

厚別区の洪水特性と防災

人口が多い南部では、主に川沿いで氾濫

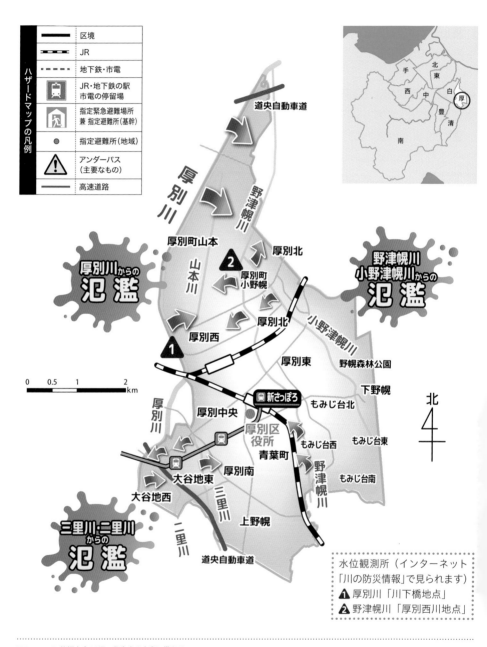

ハザードマップの凡例

────	区境
──┼──	JR
─ ─ ─	地下鉄・市電
🚆	JR・地下鉄の駅 市電の停留場
🏠	指定緊急避難場所 兼 指定避難所(基幹)
●	指定避難所(地域)
⚠	アンダーパス (主要なもの)
────	高速道路

道央自動車道

厚別川

野津幌川

厚別町山本

山本川

厚別北

厚別町小野幌

厚別川からの **氾濫**

厚別北

厚別西

小野津幌川

野津幌川 小野津幌川からの **氾濫**

厚別東

野幌森林公園

下野幌

0　0.5　1　2km

厚別川

新さっぽろ

厚別中央

厚別区役所

青葉町

もみじ台北

もみじ台西

もみじ台東

北

厚別南

大谷地東

もみじ台南

野津幌川

大谷地西

三里川・二里川からの **氾濫**

二里川

三里川

上野幌

道央自動車道

水位観測所(インターネット「川の防災情報」で見られます)
1 厚別川「川下橋地点」
2 野津幌川「厚別西川地点」

◆厚別区はJR函館本線を境に、北部は厚別原野と呼ばれた低地、南部は全体的に緩やかな起伏の台地に分かれ、ここに厚別川、二里川、三里川、野津幌川、小野津幌川などが南から北に流れています。

◆大雨が降ると、上記の5河川の氾濫により、厚別西、厚別北、さらに小野幌から北の山本地区にかけて浸水する可能性があります。しかし、人口が集中する南の台地では、氾濫区域が主に川沿いに限られ、あまり広がらないのが特徴です。

◆台地を流れる河川の河岸には、増水時に川岸が削られるおそれのある**家屋倒壊等氾濫想定区域**もあります。この区域に住む方は、**レベル3**の**高齢者等避難**が発令されたら、避難所など安全な場所に避難してください。

◆厚別区には、線路の下などにアンダーパスが3か所あります。大雨が降ると水没するおそれがあるため、避難ルートに選ばないなどの注意が必要です。

☆厚別中央、厚別東、厚別南、下野幌、大谷地東、青葉町などの一部に、がけ崩れ（13か所）のおそれがある土砂災害警戒区域があります。大雨時には近づかないなどの注意が必要です。

厚別公園付近から北側に流れる三里川周辺の街並みを望む（写真中央が地下鉄車両基地、その東側の国道274号下にアンダーパスがある）

厚別区の洪水ハザードマップ【その１】

 アンダーパス（主要なもの）

 避難所ですが、洪水・土砂
災害時には使用できません

＊大谷地西、大谷地東地区

◆厚別川、二里川からの氾濫が想定されます。浸水の深さは3m未満のため、自宅の2階など安全な場所に避難してください。二里川と三里川に挟まれた地域の大半は、洪水による浸水のおそれはありません。

＊厚別南、厚別中央、上野幌地区

◆西部を流れる三里川沿いの一部で氾濫が想定されます。浸水の深さは3m未満のため、自宅の2階など安全な場所に避難してください。これを除く大半の地域は、洪水による浸水のおそれはありません。ただし、厚別南の地下鉄車両基地付近は、浸水深が3m以上となるため注意してください。厚別南と上野幌の2か所のアンダーパスは水没するおそれがあるので、大雨の際には近づかないでください。

＊青葉町地区

◆東部を流れる野津幌川沿いの一部で氾濫が想定されます。浸水の深さは3m未満のため、自宅の2階など安全な場所に避難してください。川沿いの一部を除くと、大半の地域は洪水による浸水のおそれはありません。

＊もみじ台西、もみじ台北、もみじ台南、もみじ台東地区

◆もみじ台西地区を流れる野津幌川の河岸には、洗掘のおそれによる**家屋倒壊等氾濫想定区域**があります。この付近に住む方は、**レベル3の高齢者等避難**が発令されたら、避難所など安全な場所に避難してください。それ以外の大部分の地域は、洪水による浸水のおそれはありません。

＊下野幌地区

◆小野津幌川沿いの一部、もみじ台ポンプ所付近で氾濫が想定されるので、注意してください。それ以外の地区の大半は、洪水による浸水のおそれはありません。ただし、斜面にがけ崩れのおそれがある**土砂災害警戒区域**があります。大雨の際には近づかないようにしてください。

厚別公園より北側、国道274号下のアンダーパスは大雨時の水没に注意が必要

厚別区の洪水ハザードマップ【その２】

アンダーパス（主要なもの）

避難所ですが、洪水・土砂
災害時には使用できません

浸水深3m以上

厚別川

厚別町山本

山本川

厚別町小野幌

厚別北

厚別北

森林公園

JR函館本線

江別市

N

野幌
森林公園

小野津幌川

厚別西

厚別東

厚別町下野幌

白石区

厚別

厚別中央

野津幌川

新さっぽろ

新札幌

浸水深3m以上
（土木センター付近）

JR千歳線

【浸水の深さに応じて色を分けて表示しています】

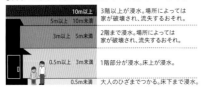

10m以上	3階以上が浸水。場所によっては家が破壊され、流失するおそれ。
5m以上 10m未満	
3m以上 5m未満	2階まで浸水。場所によっては家が破壊され、流失するおそれ。
0.5m以上 3m未満	1階部分が浸水。床上が浸水。
0.5m未満	大人のひざまでつかる。床下まで浸水。

家屋倒壊等氾濫想定区域

流速が早く、木造家屋が倒壊する
おそれのある区域（氾濫流）

洪水の際に地面が削られる
おそれのある区域（河岸侵食）

土砂災害警戒区域
令和4年4月1日時点

洪水ハザードマップから読み取る【厚別区】の特性…その❷

＊厚別西地区
◆西部では厚別川、東部では野津幌川からの氾濫が想定されます。浸水の深さは3m未満なので、自宅の2階など安全な場所に避難してください。浸水深が0.5m未満のところでは自宅待機で大丈夫です。

＊厚別北、厚別東地区
◆野津幌川と小野津幌川の河岸は、侵食のおそれがあります。注意してください。さらに、小野津幌川からの氾濫が想定されます。浸水の深さは3m未満のため自宅の2階など安全な場所に避難してください。浸水深が0.5m未満のところでは自宅待機で大丈夫です。

　JR函館本線の下をくぐる、もみじ台通りのアンダーパスは、水没するおそれがあるので大雨時には近づかないでください。

＊厚別町下野幌地区
◆厚別区土木センター付近に、浸水深3m以上の箇所があります。大雨時は注意してください。

＊厚別町山本、厚別町小野幌地区
◆厚別川、野津幌川、山本川からの氾濫が想定されます。浸水の深さは3m以上になる箇所があるので、**レベル4**の**避難指示**が発令されたら、避難所など安全な場所に避難してください。

浸水深が3m未満の箇所では、自宅の2階など安全な場所に避難してください。

野津幌川、小野津幌川の合流点より、上流の厚別北・厚別西地区を北から望む

豊平区の洪水特性と防災

洪水の直撃で河岸が削られるおそれも

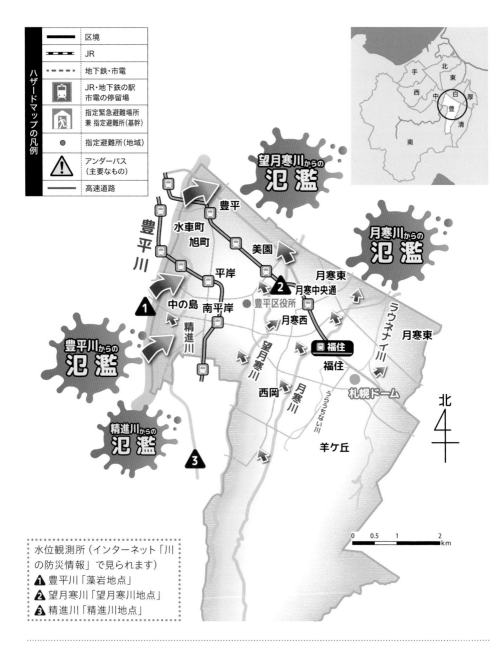

ハザードマップの凡例

━━━	区境
━·━·━	JR
┄┄┄	地下鉄・市電
🚃	JR・地下鉄の駅 市電の停留場
🏠	指定緊急避難場所 兼 指定避難所（基幹）
●	指定避難所（地域）
⚠	アンダーパス （主要なもの）
━━━	高速道路

望月寒川からの **氾濫**

月寒川からの **氾濫**

豊平川からの **氾濫**

精進川からの **氾濫**

豊平

水車町
旭町

平岸

中の島　南平岸

精進川

豊平区役所

月寒東
月寒中央通

月寒西

月寒東

福住

ラウネナイ川

西岡

望月寒川

月寒川

うりうちないがわ

札幌ドーム

羊ケ丘

北

0　0.5　1　2
km

水位観測所（インターネット「川
の防災情報」で見られます）
❶ 豊平川「藻岩地点」
❷ 望月寒川「望月寒川地点」
❸ 精進川「精進川地点」

◆豊平区は、豊平川扇状地の上に支笏火山の堆積物が積み重なって形成されています。区域の半分を緑豊かな丘陵地や山林が占め、起伏に富んだ地形が特徴です。その中を豊平川、精進川、望月寒川、月寒川、ラウネナイ川、うらうちない川などが、南から北に向かって急こう配で流れています。

◆大雨が降ると、これらの川からの氾濫が想定されます。氾濫区域は主に川沿いに限られ、あまり広がりません。しかし、流速が早いことから、川岸が削られやすいのが特徴です。そのため、川沿いは**家屋倒壊等氾濫想定区域**になっているので、**レベル3**の**高齢者等避難**が発令されたら、近くに住む方は避難所など安全な場所に避難してください。

◆地下鉄の南北線中の島駅、東豊線美園駅は、浸水のおそれがあります。地下で避難の呼びかけがあった場合は、指示に従って安全な場所に避難してください。

☆豪雨によるがけ崩れ（40か所）のおそれがある**土砂災害警戒区域**が、南部の斜面などにあります。大雨時には注意が必要です。

豊平川の右岸に広がる豊平区の市街地を南から望む（豊平川からの氾濫は中の島から北側の水車町や豊平に向かって流れる）

豊平区の洪水ハザードマップ【その１】

避難所ですが、洪水・土砂災害時には使用できません

白石区

菊水

すすきの
豊水すすきの

豊平

中島公園

学園前

旭町
水車町

幌平橋

平岸

東札幌

白石

南郷

中央区

中の島

平岸

美園

美園

平岸

月寒東

月寒中央通

東屯田通

中の島

精進川 →

南平岸

月寒中央

月寒西

豊平川

澄川

真駒内川 →

西岡

うらうちない川 →

福住

豊平区

福住

南区

自衛隊前

【浸水の深さに応じて色を分けて表示しています】

10m以上	
5m以上 10m未満	3階以上が浸水。場所によっては家が破壊され、流失するおそれ。
3m以上 5m未満	2階まで浸水。場所によっては家が破壊され、流失するおそれ。
0.5m以上 3m未満	1階部分が浸水。床上が浸水。
0.5m未満	大人のひざまでつかる。床下まで浸水。

家屋倒壊等氾濫想定区域

流速が早く、木造家屋が倒壊するおそれのある区域（氾濫流）

洪水の際に地面が削られるおそれのある区域（河岸侵食）

土砂災害警戒区域
令和4年4月1日時点

＊中の島、水車町、豊平（豊平1～5条の1～2丁目）地区

◆豊平川と精進川に挟まれた中の島地区は、もともとは豊平川が網状に暴れながら流れていた跡地です。そのため、扇状地である平岸地区などより一段低くなっています。ここでは豊平川からの氾濫が想定されます。ひとたび氾濫すると、水車町や豊平地区まで流れていきます。浸水深は大半の地域が3m未満のため、自宅の2階など安全な場所に避難してください。

また、**家屋倒壊等氾濫想定区域**に自宅がある方は、**レベル3の高齢者等避難**が発令されたら、避難所など安全な場所に避難してください。

＊美園地区

◆地下鉄東豊線美園駅の東側は、望月寒川からの氾濫が想定され、氾濫水は北側に広がるおそれがあります。浸水深は3m未満か0.5m未満のため、自宅の2階など安全な場所に避難してください。他の地区では、河川からの浸水はありません。

＊平岸、旭町、豊平（1～5条の3～13丁目）地区

◆河川からの浸水のおそれはありませんが、下水道に入りきれない内水氾濫の可能性があります。しかし、大半の地域は水深0.3m未満なので、通行等に注意すれば大丈夫です。

豊平川と精進川に囲まれた中の島地区を南から望む（かつて豊平川が流れていた跡地のため、平岸地区より一段低い）

豊平区の洪水ハザードマップ【その２】

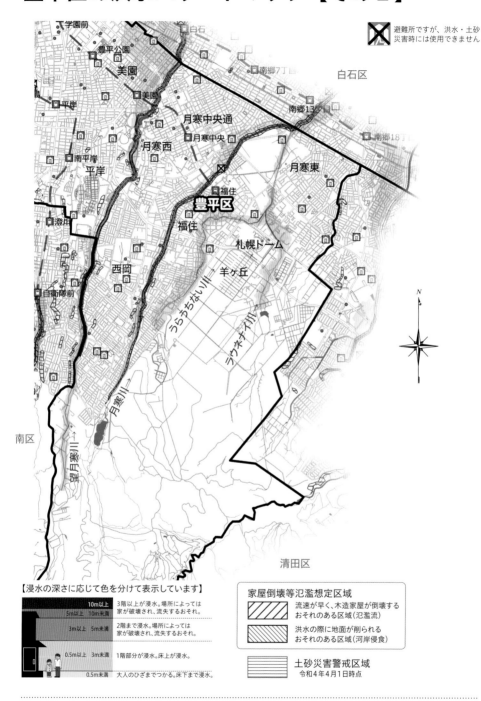

避難所ですが、洪水・土砂災害時には使用できません

【浸水の深さに応じて色を分けて表示しています】

10m以上	3階以上が浸水。場所によっては家が破壊され、流失するおそれ。
5m以上 10m未満	
3m以上 5m未満	2階まで浸水。場所によっては家が破壊され、流失するおそれ。
0.5m以上 3m未満	1階部分が浸水。床上が浸水。
0.5m未満	大人のひざまでつかる。床下まで浸水。

家屋倒壊等氾濫想定区域

流速が早く、木造家屋が倒壊するおそれのある区域（氾濫流）

洪水の際に地面が削られるおそれのある区域（河岸侵食）

土砂災害警戒区域
令和4年4月1日時点

洪水ハザードマップから読み取る【豊平区】の特性…その❷

＊月寒西、月寒中央通、月寒東地区

◆望月寒川、月寒川、ラウネナイ川の川沿いの一部で氾濫が想定されます。浸水の深さは3m未満のため、自宅の2階など安全な場所に避難してください。また、河岸部では洗掘に注意してください。それ以外の大半の地域は、河川から浸水するおそれはありません。

＊西岡地区

◆月寒川沿いの一部で氾濫が想定されます。浸水の深さは3m未満のため、自宅の2階など安全な場所に避難してください。また、河岸では洗掘に注意してください。それ以外の大半の地域は、河川から浸水するおそれはありません。また、一部の斜面で、がけ崩れのおそれがある**土砂災害警戒区域**があります。**レベル3**の**高齢者等避難（土砂）**が発令されたら、避難所など安全な場所に避難してください。

＊福住地区

◆うらうちない川沿いで、浸水深0.5m未満の氾濫が想定されます。また、月寒川河岸の一部に洗掘のおそれがあります。洪水時には注意してください。それ以外の地区の大半は、河川から浸水するおそれはありません。

＊羊ケ丘地区

◆ラウネナイ川沿いで、氾濫が想定されます。大雨時には近づかないよう注意してください。それ以外の地域で浸水するおそれはありません。

羊ケ丘
札幌ドーム
西岡
月寒川→
福住

札幌ドーム周辺から福住・
西岡地区を望む

清田区の洪水特性と防災

川沿いには家屋倒壊等氾濫想定区域も

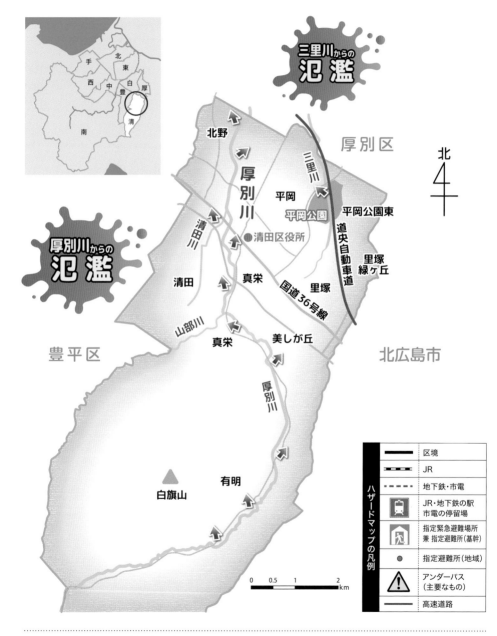

三里川からの
氾濫

厚別川からの
氾濫

北野

厚別川

平岡

平岡公園

三里川

厚別区

北野

清田川

平岡公園東

平岡公園

清田区役所

道央自動車道

里塚緑ヶ丘

清田

真栄

里塚

国道36号線

山部川

真栄

美しが丘

豊平区

北広島市

厚別川

白旗山

有明

北

		ハザードマップの凡例		区境
				JR
				地下鉄・市電
				JR・地下鉄の駅 市電の停留場
				指定緊急避難場所 兼 指定避難所(基幹)
				指定避難所(地域)
				アンダーパス (主要なもの)
				高速道路

0 0.5 1 2 km

◆清田区一帯は、樽前山や恵庭岳などの火山の噴火によってできた月寒台地の一部で、清田、北野、平岡地区などに小高い丘として残っています。

◆清田区の中央を流れる厚別川は、豊平川最大の支流です。かつては「暴れ川」とも呼ばれ、たびたび洪水をもたらしていました。その後、護岸等の整備が行われ、現在は緑地として市民の憩いの場になっています。また、支流の山部川、清田川、二里川、三里川などが、南から北へ区を縦断して流れています。

◆区内を流れる上記の5河川は、台地の上を削り込んで流れています。そのため、大雨が降って川から水が溢れても、氾濫は主に川沿いに止まり、あまり広がらないのが特徴です。

　しかし、川の傾斜が急なため、大雨で川の水かさが増すと流れが非常に速くなり、川岸が削られて家屋が倒壊するおそれがあります。このため、**家屋倒壊等氾濫想定区域**に住む方は、**レベル3**の**高齢者等避難**が発令されたら、避難所など安全な場所に避難が必要です。

◆内水氾濫については、厚別川沿いの低地の一部で浸水の深さが0.5m以上や1m以上になる箇所があり注意が必要です。それ以外の大半の地域では、0.3m未満の浸水深のため自宅待機で大丈夫です。なお、外出する場合は、排水路やマンホール等に注意が必要です。

☆清田区では、清田地区と真栄地区の南斜面や有明地区などに、がけ崩れ（68か所）、土石流（28か所）のおそれがある**土砂災害警戒区域**があります。大雨の時は近づかないなど、注意してください。

真栄地区付近から北側に流れる厚別川周辺の清田区市街地を望む

清田区の洪水ハザードマップ【その１】

避難所ですが、洪水・土砂
災害時には使用できません

白石区
豊平区
厚別区
北野
厚別川
平岡
浸水深3m以上
（平岡公園）
平岡公園東
↑二里川
真栄
里塚
緑ケ丘
国道36号
里塚
清田川
清田
美しが丘
羊ケ丘通
道央自動車道
清田区
山部川
浸水深3m以上
（真栄高等学校）
厚別川
北広島市

【浸水の深さに応じて色を分けて表示しています】

10m以上	3階以上が浸水。場所によっては
5m以上　10m未満	家が破壊され、流失するおそれ。
3m以上　5m未満	2階まで浸水。場所によっては家が破壊され、流失するおそれ。
0.5m以上　3m未満	1階部分が浸水。床上が浸水。
0.5m未満	大人のひざまでつかる。床下まで浸水。

家屋倒壊等氾濫想定区域

流速が早く、木造家屋が倒壊する
おそれのある区域（氾濫流）

洪水の際に地面が削られる
おそれのある区域（河岸侵食）

土砂災害警戒区域
令和4年4月1日時点

＊北野、清田、真栄地区

◆厚別川と清田川では、川沿いの一部で氾濫が想定されます。浸水の深さは3m未満のため、自宅の2階など安全な場所に避難してください。真栄高等学校付近は浸水深が深く、**土砂災害警戒区域**にもなっているので**レベル3の高齢者等避難**が発令されたら、避難所など安全な場所に避難が必要です。川沿いの一部を除き、大半は洪水による浸水のおそれはありません。

　　清田および真栄では、厚別川と清田川の河岸が洗掘されるおそれがあります。川沿いに住む方は、避難所など安全な場所に避難が必要です。

＊平岡地区

◆二里川の上流部と三里川の川沿いの一部で氾濫が想定されます。浸水の深さは3m未満のため自宅の2階など安全な場所に避難してください。川沿いを除き大半は河川からの浸水のおそれはありません。

　　ただし、平岡公園内は浸水するので注意してください。

＊美しが丘、里塚、里塚緑ケ丘、平岡公園東地区

◆洪水による浸水のおそれはありません。三里川の河岸が洗掘されるおそれがあります。河岸近くに住む方は、避難所など安全な場所に避難が必要です。

厚別川（国道36号より南側）周辺の真栄・清田地区などの街並みを望む

清田区の洪水ハザードマップ【その2】

豊平区

清田

真栄

美しが丘

清田区

浸水深3m以上

真栄川

真栄

厚別川

道道341号

有明

北広島市

南区

【浸水の深さに応じて色を分けて表示しています】

10m以上		3階以上が浸水。場所によっては家が破壊され、流失するおそれ。
5m以上 10m未満		
3m以上 5m未満		2階まで浸水。場所によっては家が破壊され、流失するおそれ。
0.5m以上 3m未満		1階部分が浸水。床上が浸水。
0.5m未満		大人のひざまでつかる。床下まで浸水。

家屋倒壊等氾濫想定区域

- 流速が早く、木造家屋が倒壊するおそれのある区域（氾濫流）

- 洪水の際に地面が削られるおそれのある区域（河岸侵食）

土砂災害警戒区域
令和4年4月1日時点

＊真栄の南側山地部、有明地区

◆道道341号沿いは厚別川からの浸水想定区域になっています。浸水深は3m未満ですが、一帯は**土砂災害警戒区域**にもなっています。**レベル3の高齢者等避難（土砂）**が発令されたら、速やかに指定緊急避難場所の有明小学校など安全な場所に避難してください。

清田区の市街地から真栄地区の山地部を望む。厚別川は写真奥の南側から手前北側に向けて流れる

南区の洪水特性と防災

川沿いの氾濫や斜面の土砂災害に警戒を

北

定山渓ダム
小樽内川
白井川
定山渓温泉 豊平川
定山渓 小金湯
小川
豊平川
薄別川
豊平峡ダム

藻岩山
北の沢川
藻岩下
北ノ沢

望月寒川
精進川
氾濫

山鼻川
澄川
精進川
真駒内

中の沢川
中ノ沢 川沿
真駒内公園
豊平川
南区役所
②

豊平川からの
氾濫

南沢
真駒内川
石山東

小金湯
砥山
白川
硬石山
①

簾舞
藤野
石山

豊滝
野々沢川
藤野沢川
穴の川
常盤

滝の沢川
盤の沢川
簾舞川

オカバルシ川

芸術の森

ハザードマップの凡例

▬▬	区境
▬▬	JR
-----	地下鉄・市電
🚉	JR・地下鉄の駅 市電の停留場
🏠	指定緊急避難場所 兼 指定避難所（基幹）
●	指定避難所（地域）
⚠	アンダーパス （主要なもの）
▬▬	高速道路

0 0.5 1 2 km

水位観測所（インターネット「川
の防災情報」で見られます）
❶ 豊平川「豊平川地点」
❷ 精進川「精進川地点」

手 北 東
西 中 白 厚
豊 清
南

◆南区は、札幌市域の約60％を占める広大な面積を持ち、その大半が山岳地帯です。区内を流れる豊平川沿いの平坦地（河岸段丘）に街が発達してきました。また、区域内には真駒内川、穴の川、オカバルシ川、藤野沢川、野々沢川、簾舞川などの支川や、豊平区との境界付近に望月寒川、精進川が流れています。

◆勾配のある河岸地形のため、豊平川や支川では大雨時に広く浸水するというよりも、激流が河岸を洗掘したり、土砂の混じった氾濫水が道路や住宅地を流れ下ったりする可能性があります。洪水流の流速が早いので、川沿いは**家屋倒壊等氾濫想定区域**になっており、河岸の斜面は**土砂災害警戒区域**が多くなっています。

◆定山渓地区では豊平川に薄別川、小川（こがわ）、白井川、小樽内川が合流するため、大雨時には谷部が激流となり大変危険です。

　この地区の豊平峡ダムと定山渓ダムは、洪水時に水を貯めて洪水調節を行いますが、貯水量を調節するために放流することもあります。その場合、サイレンなどで周知しますが、川の水位が急激に上昇するので注意が必要です。

☆南区に大雨が降った時、もっとも警戒しなければならないのは、がけ崩れや土石流、地すべりなどの土砂災害です。札幌市全体で997か所の**土砂災害警戒区域**があり（令和4年現在）、そのうちの約6割（577か所）が南区にあり、その危険性の高さがわかります。**土砂災害警戒区域**に住む方は、大雨でレベル3の**高齢者等避難（土砂）**が発令されたら、躊躇せず避難所など安全な場所に避難してください。

☆内水氾濫については、大半が0.3m未満の浸水深となりますが、外出時には十分注意してください。

豊平川左岸の山麓に囲まれた山間部に広がる、南沢や中ノ沢地区の住宅街を望む

南区の洪水ハザードマップ【その１】

⚠️ アンダーパス（主要なもの）

【浸水の深さに応じて色を分けて表示しています】

10m以上		3階以上が浸水。場所によっては家が破壊され、流失するおそれ。
5m以上 / 10m未満		
3m以上 / 5m未満		2階まで浸水。場所によっては家が破壊され、流失するおそれ。
0.5m以上 / 3m未満		1階部分が浸水。床上が浸水。
0.5m未満		大人のひざまでつかる。床下まで浸水。

家屋倒壊等氾濫想定区域

- 流速が早く、木造家屋が倒壊するおそれのある区域（氾濫流）
- 洪水の際に地面が削られるおそれのある区域（河岸侵食）

土砂災害警戒区域
令和4年4月1日時点

＊澄川地区

◆望月寒川と精進川からの氾濫が想定されます。浸水の深さは川沿いの一部で3m未満となり、安全な場所か2階以上に避難が必要です。大半の地域では、0.5m未満の浸水、または浸水しないため自宅待機で大丈夫です。

＊南30〜35条の西8〜10丁目

◆豊平川の氾濫想定区域です。浸水の深さは3m未満ですが、川の流速が早いため河岸付近は**家屋倒壊等氾濫想定区域**が設定されています。この区域に住む方は**レベル3の高齢者等避難**が発令されたら、避難所など安全な場所に避難してください。

＊真駒内地区

◆真駒内川からの氾濫により、真駒内公園、本町、曙町、緑町、上町、幸町の西側で浸水の可能性があります。浸水深は3m未満で、安全な場所か2階以上に避難が必要です。豊平川は流速が早く、河岸付近が削られるおそれがあるので、**家屋倒壊等氾濫想定区域**付近の方は避難が必要です。柏丘地区の一部は、**土砂災害警戒区域**になっています。**レベル3の高齢者等避難**が発令されたら、速やかに避難所など安全な場所に避難してください。

＊川沿、硬石山、石山地区

◆豊平川は流速が早く、河岸付近が削られるおそれがあります。また、背後の山際付近には**土砂災害警戒区域**、石山地区では穴の川、穴の川放水路からの氾濫が想定されています。これらの付近に住む方は、**レベル3の高齢者等避難**が発令されたら、避難所など安全な場所に避難してください。

＊藻岩下、北ノ沢、中ノ沢、南沢地区

◆**土砂災害警戒区域**が数多く設定されています。**レベル3の高齢者等避難（土砂）**が発令されたら、避難所など安全な場所に避難してください。

＊石山東、常盤、芸術の森、滝野地区

◆真駒内川から（滝野では厚別川から）の氾濫が想定され、斜面には**土砂災害警戒区域**が設定されています。この区域で**レベル3の高齢者等避難（土砂）**が発令されたら、避難所など安全な場所に避難してください。

南沢から北ノ沢地区に広がる住宅街を望む

南区の洪水ハザードマップ【その２】

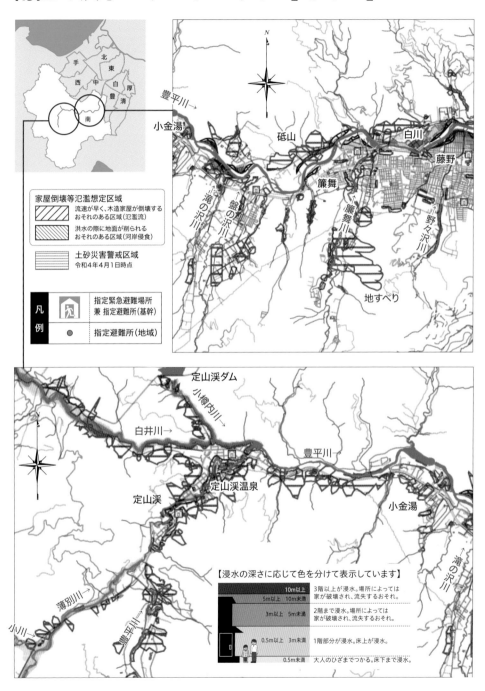

家屋倒壊等氾濫想定区域

流速が早く、木造家屋が倒壊する
おそれのある区域（氾濫流）

洪水の際に地面が削られる
おそれのある区域（河岸侵食）

土砂災害警戒区域
令和4年4月1日時点

凡例

指定緊急避難場所
兼 指定避難所（基幹）

指定避難所（地域）

豊平川→
小金湯
砥山
白川
藤野
簾舞
小滝の沢川
盤の沢川
簾舞川
野々沢川
地すべり

定山渓ダム
小樽内川→
白井川→
豊平川→
定山渓
定山渓温泉
小金湯
薄別川→
小川→
豊平川→
滝の沢川

【浸水の深さに応じて色を分けて表示しています】

10m以上	3階以上が浸水。場所によっては家が破壊され、流失するおそれ。
5m以上 10m未満	
3m以上 5m未満	2階まで浸水。場所によっては家が破壊され、流失するおそれ。
0.5m以上 3m未満	1階部分が浸水。床上まで浸水。
0.5m未満	大人のひざまでつかる。床下まで浸水。

洪水ハザードマップから読み取る【南区】の特性…その❷

＊藤野、白川地区

◆藤野1条や白川の豊平川近くでは、豊平川の氾濫で浸水するおそれがあります。**家屋倒壊等氾濫想定区域**にもなっているので、避難所など安全な場所に避難してください。また、背後の山腹や野々沢川などには**土砂災害警戒区域**があります。藤野地区では藤野沢川からの氾濫区域も想定されています。これらの区域に住む方は**レベル3**の**高齢者等避難**が発令されたら、速やかに避難してください。

＊簾舞、砥山、豊滝、小金湯地区

◆豊平川からの氾濫はほとんどありませんが、一部に**家屋倒壊等氾濫想定区域**があります。また背後の山腹や支川、簾舞川、盤の沢川、滝の沢川にがけ崩れや土石流、地すべりのおそれのある**土砂災害警戒区域**があります。これらの区域に住む方は**レベル3**の**高齢者等避難**が発令されたら、避難所など安全な場所に避難してください。

＊定山渓、定山渓温泉地区

◆豊平川に薄別川、小川、白井川、小樽内川が合流する地区です。また、斜面一帯は**土砂災害警戒区域**になっています。**レベル3**の**高齢者等避難（土砂）**が発令されたら、避難所である定山渓小学校や定山渓中学校へ避難するか、あるいは安全な建物に避難してください。

　そのほか、小樽内川や豊平川の近くでは、豊平峡ダムや定山渓ダムの放流により急激に水位が上がる可能性もあります。十分に注意してください。

▽昭和56（1981）年8月の大雨では、藤野地区などで土砂災害が発生しています！

藤野地区を流れる野々沢川で発生した土石流による被害状況

西区の洪水特性と防災

浸水深が深くなる河川付近の低地に注意

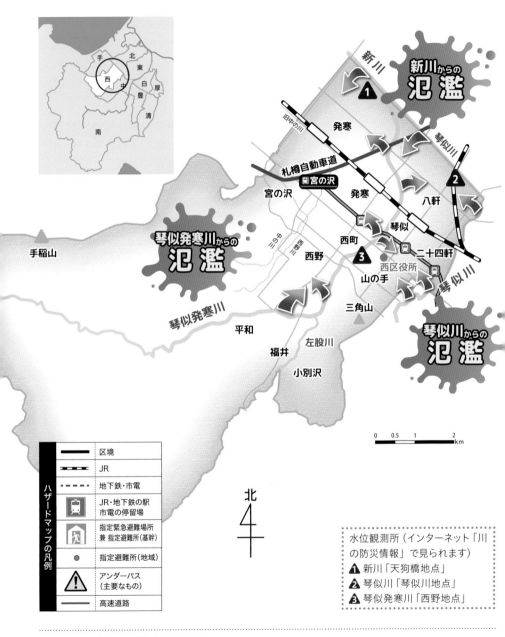

新川からの **氾濫**

琴似川からの **氾濫**

琴似発寒川からの **氾濫**

新川

旧中の川

発寒

札樽自動車道

宮の沢

発寒

八軒

琴似

西町

二十四軒

西野

山の手

西区役所

琴似川

三角山

琴似発寒川

平和

福井

左股川

小別沢

手稲山

中の川

1
2
3

0　0.5　1　2 km

北

ハザードマップの凡例

▬▬▬	区境
▬•▬•▬	JR
- - -	地下鉄・市電
🚃	JR・地下鉄の駅市電の停留場
🏠	指定緊急避難場所兼 指定避難所（基幹）
●	指定避難所（地域）
⚠	アンダーパス（主要なもの）
▬▬▬	高速道路

水位観測所（インターネット「川の防災情報」で見られます）
1 新川「天狗橋地点」
2 琴似川「琴似川地点」
3 琴似発寒川「西野地点」

◆西区は、手稲山系の山地・丘陵地と平野部の市街地によって構成され、区のほぼ中央部を縦断して流れる琴似発寒川の扇状地の上に発展してきました。また、中央区との境界付近に琴似川、北区との区境には新川が流れています。

◆西区の洪水は、琴似発寒川、左股川、琴似川、新川、小河川の旧中の川、西野川が氾濫することで発生します。これらの河川の周囲は低地になっているため、浸水深も深くなっています。また、JR函館本線よりも北側は地盤高が低いため、浸水深は3m未満と深くなっているので注意が必要です。

◆琴似発寒川の上流は、勾配が急なため流速が早く、河岸の近くは洗掘による**家屋倒壊等氾濫想定区域**になっています。この区域に住む方は、**レベル3の高齢者等避難**が発令されたら、避難所など安全な場所に避難してください。

☆宮の沢地区の宮の沢川、上追分川、西野地区の琴似発寒川、三角山の山すそ部では、がけ崩れ（65か所）や土石流（29か所）が発生するおそれのある**土砂災害警戒区域**となっています。大雨で**レベル3**の**高齢者等避難（土砂）**が発令されたら、迅速な避難が必要です。

西区北部を俯瞰する。手前が福井地区、奥が西野地区と平和地区、その向こうに手稲山がそびえる

西区の洪水ハザードマップ【その１】

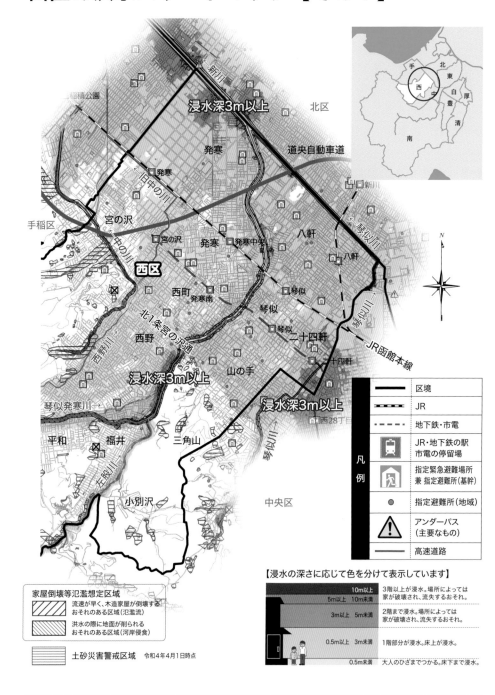

浸水深3m以上

新川

北区

発寒

道央自動車道

旧中の川

新川

宮の沢

中の川

八軒

手稲区

西区

宮の沢

発寒

発寒中央

八軒

琴似川

西町

発寒南

琴似

琴似

北1条宮の沢通

西野

琴似

二十四軒

山の手

二十四軒

浸水深3m以上

琴似発寒川

JR函館本線

浸水深3m以上

平和

福井

三角山

西28丁目

中央区

琴似川

左股川

小別沢

凡例

▬▬▬	区境
▬•▬•▬	JR
- - - -	地下鉄・市電
🚉	JR・地下鉄の駅 市電の停留場
🏃	指定緊急避難場所 兼 指定避難所（基幹）
●	指定避難所（地域）
⚠	アンダーパス （主要なもの）
▬▬▬	高速道路

家屋倒壊等氾濫想定区域

- 流速が早く、木造家屋が倒壊する おそれのある区域（氾濫流）
- 洪水の際に地面が削られる おそれのある区域（河岸侵食）

土砂災害警戒区域　令和4年4月1日時点

【浸水の深さに応じて色を分けて表示しています】

10m以上	3階以上が浸水。場所によっては 家が破壊され、流失するおそれ。
5m以上 10m未満	
3m以上 5m未満	2階まで浸水。場所によっては 家が破壊され、流失するおそれ。
0.5m以上 3m未満	1階部分が浸水。床上が浸水。
0.5m未満	大人のひざまでつかる。床下まで浸水。

＊二十四軒、琴似、八軒地区

◆新川、琴似発寒川、琴似川からの氾濫が想定されます。ほぼ全域で浸水が想定され、浸水の深さは地下鉄二十四軒駅付近の琴似川沿いの一部で3m以上になります。**レベル3**の**高齢者等避難**が発令され

宮の森付近から北側に拡がる西区山の手、琴似、八軒、二十四軒などの市街地を望む

たら、避難所など安全な場所に避難してください。それ以外の地域は浸水深が3m未満のため、自宅の2階以上の安全な場所に避難してください。

＊発寒地区

◆函館本線より北側は、新川や琴似発寒川の氾濫により浸水深が3m未満、場所によっては3mを超えるところもあります。また函館本線より南側でも、旧中の川や西野川からの氾濫で、浸水深が0.5m未満となります。3m未満であれば自宅等の2階に避難しますが、水深の深い地区に住む方は**レベル3**の**高齢者等避難**が発令されたら、避難所など安全な場所に避難してください。

＊山の手地区

◆山の手8丁目から北側では、西は琴似発寒川から、東は琴似川からの氾濫が想定されます。深い所では3m未満の水深が想定されるので、自宅の2階以上の安全な場所に避難してください。北1条宮の沢通より南側には、**土砂災害警戒区域**が点在しています。この区域に住む方は、大雨による**レベル3**の**高齢者等避難（土砂）**が発令されたら、避難所など安全な場所に避難してください。

＊西町地区

◆琴似発寒川や旧中の川、西野川からの氾濫により、全域で浸水が想定されます。東の琴似発寒川付近では浸水深が3m未満と想定され、自宅の2階以上に避難が必要です。それ以外の地区は浸水深0.5m未満のため、自宅で待機してください。また、琴似発寒川の河岸近くは、**家屋倒壊等氾濫想定区域**になっているので、**レベル3**の**高齢者等避難**が発令されたら、避難所など安全な場所に避難してください。

＊小別沢地区

◆西側を流れる左股川は大雨時に激流となります。近づかないでください。地区内に急傾斜地の**土砂災害警戒区域**や土石流の**土砂災害警戒区域**が散在しています。大雨により**レベル3**の**高齢者等避難（土砂）**が発令されたら、ただちに避難所など安全な場所に避難してください。

西区の洪水ハザードマップ【その2】

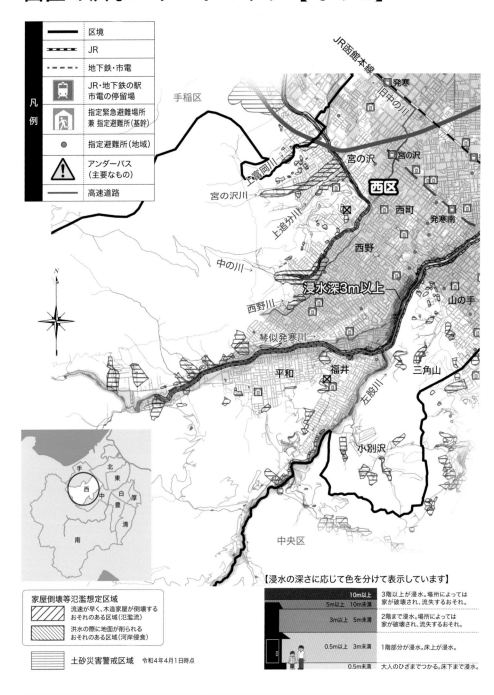

凡例

──	区境
┈┉	JR
┄┄	地下鉄・市電
🚉	JR・地下鉄の駅 市電の停留場
🏠	指定緊急避難場所 兼 指定避難所（基幹）
●	指定避難所（地域）
⚠️	アンダーパス （主要なもの）
━━	高速道路

JR函館本線

発寒

旧中の川

手稲区

宮の沢

宮の沢

西区

上賃岡川

宮の沢川

西町

発寒南

上追分川

西野

中の川→

浸水深3m以上

西野川→

山の手

琴似発寒川→

平和

福井

左股川

三角山

小別沢

中央区

北区
東区
手稲区
西区
中央区
白石区
豊平区
厚別区
清田区
南区

家屋倒壊等氾濫想定区域

⫽⫽	流速が早く、木造家屋が倒壊する おそれのある区域（氾濫流）
▨	洪水の際に地面が削られる おそれのある区域（河岸侵食）
▤	土砂災害警戒区域　令和4年4月1日時点

【浸水の深さに応じて色を分けて表示しています】

10m以上	3階以上が浸水。場所によっては 家が破壊され、流失するおそれ。
5m以上 10m未満	
3m以上 5m未満	2階まで浸水。場所によっては 家が破壊され、流失するおそれ。
0.5m以上 3m未満	1階部分が浸水。床上が浸水。
0.5m未満	大人のひざまでつかる。床下まで浸水。

洪水ハザードマップから読み取る【西区】の特性…その❷

＊西野地区

◆琴似発寒川と西野川からの氾濫により、ほぼ全域で浸水します。浸水深は大半が0.5m未満ですが、琴似発寒川付近では3m未満となり、2階以上の安全な場所に避難が必要です。さらに浸水深が一部3m以上になる可能性がある箇所では、**レベル4の避難指示**が発令されたら、避難所など安全な場所に避難してください。

　また、中の川と西野川の付近では、浸水深が3m未満となるため注意が必要です。これらの川の上流の斜面は**土砂災害警戒区域**です。**レベル3の高齢者等避難（土砂）**が発令されたら、避難所など安全な場所に避難してください。さらに、琴似発寒川の河岸は、洪水流による侵食のおそれがあります。河岸近くに住む方は避難が必要です。

＊宮の沢地区

◆宮の沢地区は地盤高が高いため大半は浸水せず、旧中の川付近の一部で浸水深が0.5mとなります。自宅待機してください。宮の沢3条から西の上追分川、宮の沢川、上富岡川の河岸付近は、がけ崩れや土石流のおそれのある**土砂災害警戒区域**があります。この区域に住む方は、**レベル3の高齢者等避難（土砂）**が発令されたら、避難所など安全な場所へ迅速に避難してください。

＊福井、平和地区

◆東側の左股川は、大雨の際に激流となって一部氾濫するので、近づかないでください。また、琴似発寒川の河岸付近は、氾濫と河岸侵食のおそれがあります。安全な場所に避難してください。さらに、山側斜面に**土砂災害警戒区域**があります。この区域に住む方は、**レベル3の高齢者等避難（土砂）**が発令されたら、道路の安全に注意して避難所などへ迅速に避難してください。

宮の沢地区を流れる中の川と宮の沢川の周辺や山裾に広がる住宅街を望む

107

手稲区の洪水特性と防災

新川沿いの低地は浸水深が 3m を越える所も

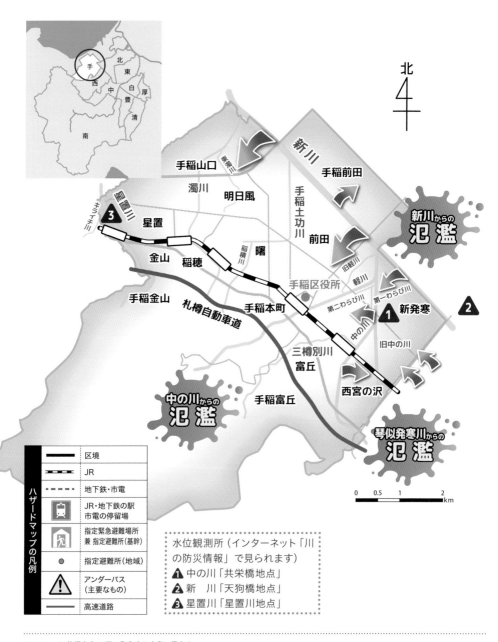

北

新川

手稲山口
濁川
明日風
手稲前田
手稲土功川
前田
手稲区役所
星置
星置川
キライチ川
金山
稲穂
曙
稲積川
軽川
旧軽川
第二わらび川
第一わらび川
新発寒
手稲金山
札樽自動車道
手稲本町
中の川
三樽別川
富丘
旧中の川
西宮の沢
手稲富丘

新川からの 氾濫

中の川からの 氾濫

琴似発寒川からの 氾濫

0　0.5　1　　2 km

ハザードマップの凡例

———	区境
┠┨┠┨	JR
- - - -	地下鉄・市電
🚉	JR・地下鉄の駅 市電の停留場
🏠	指定緊急避難場所 兼 指定避難所(基幹)
●	指定避難所(地域)
⚠	アンダーパス (主要なもの)
———	高速道路

水位観測所(インターネット「川の防災情報」で見られます)
1️⃣ 中の川「共栄橋地点」
2️⃣ 新　川「天狗橋地点」
3️⃣ 星置川「星置川地点」

◆手稲区は、手稲山から北東方向の低地に向かって傾斜しており、市街地は札樽自動車道よりも北東に位置しています。おおむねJR函館本線よりも北東側が浸水しやすく、南西側には**土砂災害警戒区域**が数多く分布しています。

◆明治期以前、軽川より東側を流れる川は、北東方向の石狩川に向かって流れていました。しかし明治20(1887)年の新川開削により、直接日本海へ流れるようになりました。

◆区内には新川、中の川、旧中の川、星置川、小河川の三樽別川、軽川、旧軽川、第一わらび川、第二わらび川、手稲土功川、稲積川、濁川、東濁川、キライチ川が流れています。大雨が降ると、これらの川に加えて、西区を流れる琴似発寒川の氾濫で溢れた水も、流れ込むおそれがあります。

◆新川の川沿いには、低地が広がっています。そのため、浸水の深さが3mを越える区域が数多くあることから、**レベル3の高齢者等避難**が発令されたら、避難所など安全な場所に避難が必要です。避難ルートを選定する場合、この区域を避けて選ぶようにしましょう。

☆手稲山山麓の斜面などに、がけ崩れ（32か所）や土石流（14か所）、地すべり（2か所）のおそれがある**土砂災害警戒区域**が数多く分布します。大雨時に**レベル3の高齢者等避難（土砂）**が発令されたら、迅速な避難が必要です。

手稲区を南東から北西に向かって望む。写真右下が琴似発寒川、中央を横断するのが中の川

手稲区の洪水ハザードマップ【その１】

凡例

────	区境
┅┅┅	JR
─ ─ ─	地下鉄・市電
🚉	JR・地下鉄の駅 市電の停留場
🏃	指定緊急避難場所 兼 指定避難所（基幹）
●	指定避難所（地域）
⚠	アンダーパス （主要なもの）
────	高速道路

小樽市

石狩市

手稲山口

浸水深3m以上

手稲前田

明日風

手稲前田

手稲土功川

新川

曙

前田

手稲区

稲穂

旧軽川

浸水深3m以上

北区

稲穂

手稲本町

軽川

第一わらび川

手稲

前田

新発寒

稲積川

軽川

稲積公園

三樽別川

富丘

中の川

富丘川

西宮の沢

発寒

地すべり

地すべり

札樽自動車道

西区

N

手　北　東
西　中　白　厚
　　南　豊　清

家屋倒壊等氾濫想定区域

▨	流速が早く、木造家屋が倒壊する おそれのある区域（氾濫流）
▩	洪水の際に地面が削られる おそれのある区域（河岸侵食）
▤	土砂災害警戒区域　令和4年4月1日時点

【浸水の深さに応じて色を分けて表示しています】

10m以上	3階以上が浸水。場所によっては 家が破壊され、流失するおそれ。
5m以上　10m未満	
3m以上　5m未満	2階まで浸水。場所によっては 家が破壊され、流失するおそれ。
0.5m以上　3m未満	1階部分が浸水。床上が浸水。
0.5m未満	大人のひざまでつかる。床下まで浸水

＊西宮の沢、新発寒地区

◆新川、琴似発寒川、中の川からの氾濫が想定されます。ほぼ全域で浸水し、浸水の深さは新川付近で3m以上になります。**レベル3の高齢者等避難**が発令されたら、避難所など安全な場所に避難してください（マンション等の場合は3〜4階以上に避難すれば大丈夫です）。その他の氾濫区域では浸水の深さが3m未満のため、自宅の2階など安全な場所に避難してください。

手稲中学校付近から手稲山方面の富丘地区を望む（山間部から三樽別川や富丘川が流れる）

＊前田地区

◆新川、中の川、三樽別川、第一わらび川、第二わらび川、手稲土功川、軽川、旧軽川からの氾濫が想定されます。ほぼ全域が浸水し、新川の川沿いは浸水の深さが3m以上になる箇所もあります。**レベル3の高齢者等避難**が発令されたら、避難所などの安全な場所に避難してください。その他の氾濫区域では浸水の深さは3m未満のため、自宅の2階など安全な場所に避難してください。

＊手稲前田地区

◆新川からの氾濫が想定されます。ほぼ全域で浸水し、その大部分が浸水深3m未満のため、自宅の2階など安全な場所に避難してください。

＊富丘地区

◆中の川、三樽別川からの氾濫が想定されます。浸水の深さは3m未満のため、自宅の2階など安全な場所に避難してください。

　三樽別川、富丘川に近接する地域は土石流の、地区南東側の斜面は地すべりの**土砂災害警戒区域**になっています。**レベル3の高齢者等避難（土砂）**が発令されたら、ただちに避難所など安全な場所に避難してください。

＊手稲本町地区

◆三樽別川、軽川からの氾濫が想定されます。浸水深は0.5m未満のため自宅で待機してください。軽川に近接する地域は土石流の、南側の斜面は地すべりの**土砂災害警戒区域**となります。この区域に住む方は、大雨により**レベル3の高齢者等避難（土砂）**が発令されたら、ただちに避難所など安全な場所に避難してください。

手稲区の洪水ハザードマップ【その２】

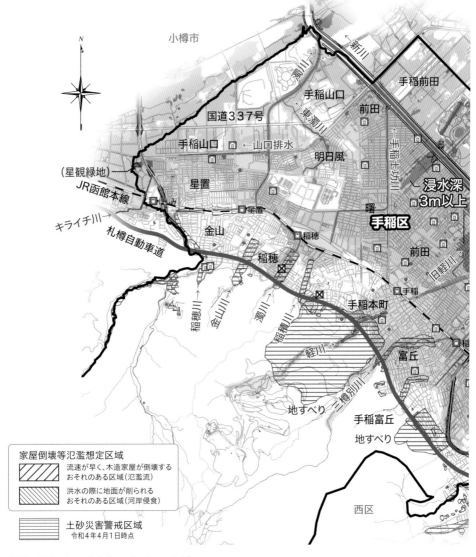

家屋倒壊等氾濫想定区域

流速が早く、木造家屋が倒壊する
おそれのある区域（氾濫流）

洪水の際に地面が削られる
おそれのある区域（河岸侵食）

土砂災害警戒区域
令和４年４月１日時点

【浸水の深さに応じて色を分けて表示しています】

10m以上	3階以上が浸水。場所によっては家が破壊され、流失するおそれ。
5m以上　10m未満	
3m以上　5m未満	2階まで浸水。場所によっては家が破壊され、流失するおそれ。
0.5m以上　3m未満	1階部分が浸水。床上が浸水。
0.5m未満	大人のひざまでつかる。床下まで浸水。

避難所ですが、洪水・土砂災害時には使用できません

＊曙、手稲山口地区（国道337号より北側）

◆新川、手稲土功川、濁川、軽川からの氾濫が想定されます。広い範囲で3m未満の浸水となるため、自宅の2階など安全な場所に避難してください。

＊明日風、手稲山口地区（国道337号より南側）

◆新川、濁川、東濁川からの氾濫が想定されます。浸水深が3m未満となる箇所もあるので、自宅の2階など安全な場所に避難してください。

＊稲穂地区

◆稲積川、濁川からの氾濫により、JR函館本線近くで浸水深3m未満となる箇所があります。自宅の2階など安全な場所に避難してください。

　　金山川、濁川、稲積川の上流は土石流の、稲穂5条3〜4丁目から南側の斜面は地すべりの、それぞれ**土砂災害警戒区域**になっています。この区域に住む方は、大雨により**レベル3の高齢者等避難（土砂）**が発令されたら、ただちに避難所など安全な場所に避難してください。

＊金山地区

◆洪水による浸水のおそれはありません。

　　ただし、西側を流れる星置川と稲穂川の付近は、土石流の**土砂災害警戒区域**になっています。この区域に住む方は、大雨により**レベル3の高齢者等避難（土砂）**が発令されたら、ただちに避難所など安全な場所に避難してください。

＊星置地区

◆星置川やその支川・キライチ川からの氾濫が想定されます。地区の西側では、浸水の深さが3m未満となる箇所もあるため、自宅の2階など安全な場所に避難してください。また星観緑地は、浸水深が深くなるので注意が必要です。

新川下流左岸の低地に広がる手稲区の市街地を望む

札幌を守る石狩川上流と下流の治水

◆札幌は大きな石狩川流域の下流部に位置しています。昭和40年代以前は、上流域の大雨によって下流部が氾濫し、札幌で浸水が発生することもしばしばでした。◆その対策として、上流域には洪水調節を目的にダムや遊水地が建設されてきました。それぞれの地域住民の方々には、そのために畑や水田などの広大な土地、さらに大切な住宅を提供（移転）していただいてきたのです。その結果、札幌市域での石狩川からの氾濫は大きく減少しました。◆また、下流の小樽市と石狩市の方々には、新川と石狩放水路という人工の河川を通じて、石狩湾に札幌の洪水を流すことについて、ご理解とご協力をいただいています。そのおかげで、札幌では低地の洪水氾濫が激減しました。◆札幌の安全は、石狩川流域の上流と下流の多くの方々の協力で成り立っているのです。

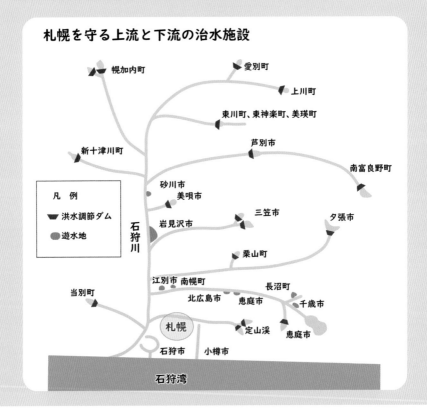

札幌を守る上流と下流の治水施設

6.
知りたい！
札幌の治水整備

水害から市民を守るための
治水施設の数々

札幌市北区の茨戸地区、篠路地区、屯田地区の氾濫の様子（昭和56年8月23日洪水）

札幌では明治7（1874）年に
豊平川の堤防建設が始まるなど、
150年間にわたって
治水整備が行われてきました。
現在では、これまでで最大となる
昭和56（1981）年洪水にも概ね対応できる状況になっており、
引き続き治水事業が進められています。

砂防

望月寒川放水路
トンネル

砂防ダ
流路工
護岸

厚別川・野津幌川・月寒川・望月寒川
新水路・河道掘削・築堤・護岸

⑫豊平川
新水路・河道掘削・築堤・護岸

モエレ沼放水路

安春川
新水路・
護岸

伏籠川・創成川・発寒川
新水路・河道掘削・築堤・護岸

発寒
遊水

茨戸川
築堤・掘削

石狩放水路

石狩川

ショートカット・河道浚渫・掘削・築堤・護岸

工・護岸

豊平峡ダム

定山渓ダム

防ダム・流路工・護岸

新川・琴似発寒川・軽川
河道掘削・築堤・護岸

石狩湾

凡例

Ⓟ　排水機場

⬅　下水道からの雨水排水

水門

札幌の上流で水を貯め洪水を抑えるダム

豊平峡ダム

貯水池
札幌ドーム **30** 杯分

雨水を貯めて、
水害から下流を
守ります

定山渓ダム

大雨の際に上流の水をダムに
貯めて、下流に流す水の量を
調節することで、川が増水し
てあふれることを防止または
軽減します。また、下流の水
位を下げることで、堤防決壊
のリスクを下げます。

貯水池
札幌ドーム **52** 杯分

堤内の水を汲み上げて内水氾濫を防ぐ排水機場

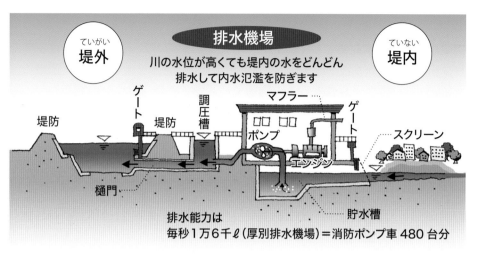

排水機場

川の水位が高くても堤内の水をどんどん
排水して内水氾濫を防ぎます

堤外 ていがい　　　　　堤内 ていない

マフラー

ゲート　堤防　調圧槽　ポンプ　ゲート　スクリーン

堤防　　　エンジン

樋門　　貯水槽

排水能力は
毎秒1万6千ℓ（厚別排水機場）＝消防ポンプ車 480 台分

洪水流を安全に流す川の構造

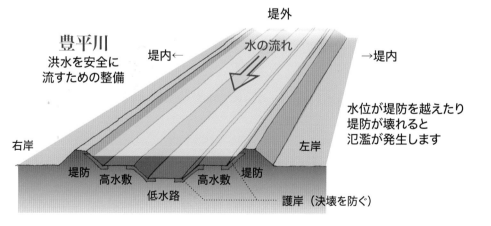

豊平川
洪水を安全に
流すための整備

堤外

水の流れ

堤内←　　　　　　　　　　　　→堤内

水位が堤防を越えたり
堤防が壊れると
氾濫が発生します

右岸　　　　　　　　　　　　左岸

堤防　高水敷　　高水敷　堤防

低水路　　　　護岸（決壊を防ぐ）

中央区・北区・東区の内水氾濫を防ぐ治水システム
伏籠総合治水

伏籠川流域の治水対策として、35mm／1時間の大雨が降っても浸水被害が発生しないように、放水路や遊水地、雨水貯留池などの治水施設を整備し、流域の保水と遊水機能の確保を進めています。

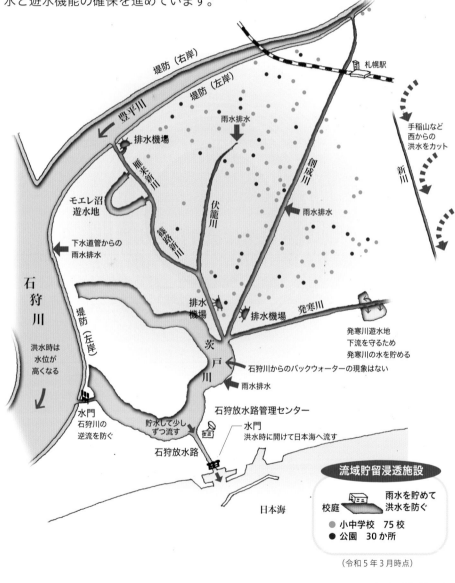

（令和5年3月時点）

手稲山からの出水を安全に流す新川

明治20年から守り続けています

西区

新 川

手稲区

堤防

北区

新川のおかげで
洪水被害の防止・軽減が
可能となりました

日本海

土砂災害を防ぐ砂防事業

砂防ダム
（砂防堰堤）

南区・中央区・西区・手稲区
等で土石流などの土砂災害から
住宅を守っています

内水を排水する下水道管

1時間に35mmの大雨を
安全に流す下水道を整備しています

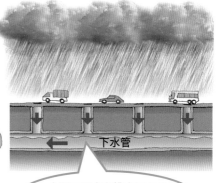

下水管

大雨の雨水を排水口から
下水管に落とし、
下流へ流します

下流の氾濫を防ぐ望月寒川放水路トンネル

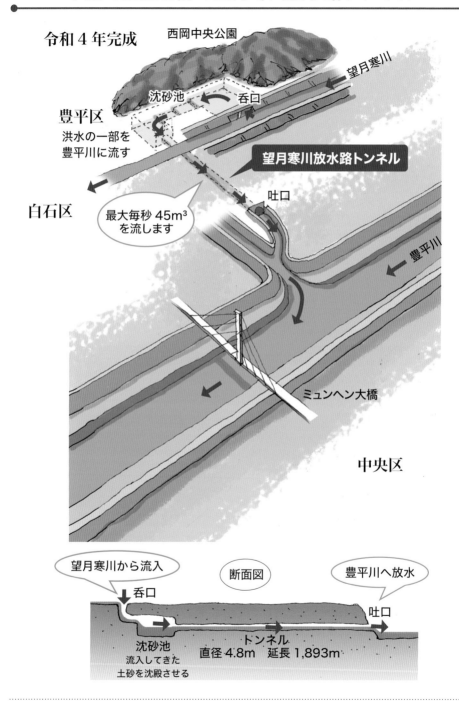

令和4年完成

西岡中央公園

望月寒川

沈砂池　呑口

豊平区
洪水の一部を
豊平川に流す

望月寒川放水路トンネル

吐口

白石区

最大毎秒45m³
を流します

豊平川

ミュンヘン大橋

中央区

望月寒川から流入

断面図

豊平川へ放水

呑口

吐口

沈砂池
流入してきた
土砂を沈殿させる

トンネル
直径4.8m　延長1,893m

豊平・白石区を守る望月寒川放水路トンネルと流域貯留浸透施設

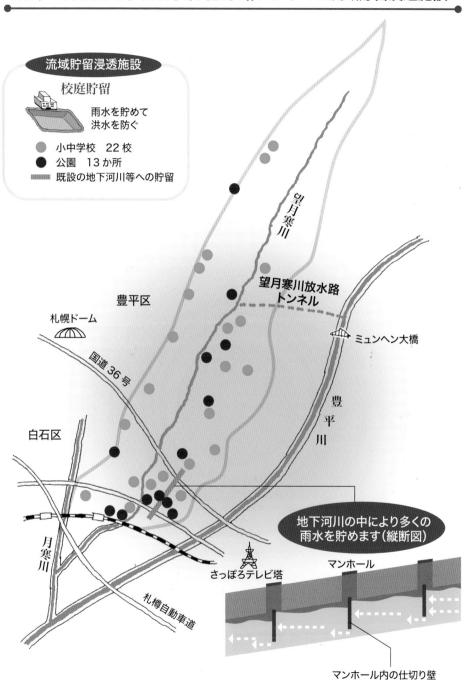

流域貯留浸透施設

校庭貯留

雨水を貯めて
洪水を防ぐ

● 小中学校　22校
● 公園　13か所
▨▨▨ 既設の地下河川等への貯留

望月寒川

望月寒川放水路
トンネル

豊平区

札幌ドーム

国道36号

ミュンヘン大橋

豊平川

白石区

月寒川

さっぽろテレビ塔

地下河川の中により多くの
雨水を貯めます（縦断図）

マンホール

マンホール内の仕切り壁

札樽自動車道

絵で見る
「札幌の治水」

その歴史と発展

20万分の1実測切図 札幌（明治24年、北海道道庁、部分）

明治初期の開拓使による札幌の開拓以来、
多くの治水工事が進められてきました。
そして今なお、水防は札幌の大きな課題となっています。
ここでは、明治から現在に至るまでの
札幌の治水と発展の様子をイラストで振り返ります。

❶ 明治初期（明治 2 年を想定）の〈札幌の河川〉

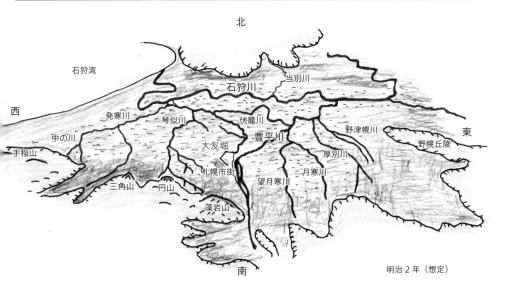

北

石狩湾

西

石狩川　　当別川

発寒川　　琴似川　　伏籠川　　野津幌川　　東

中の川　　　　　　　豊平川

手稲山　　大友堀　　　　　　厚別川　　野幌丘陵

札幌市街　　月寒川

三角山　　円山　　望月寒川

藻岩山

南

明治 2 年（想定）

　札幌で開拓使の建設が始まったのは、明治 2（1869）年のことです。本庁舎を今の道庁の場所に造りましたが、周囲は森林でした。南に広がる山地からは、豊富な水量を誇る豊平川や鴨々川など多くの小川が一帯を流れ、それらが、石狩川の氾濫原である広大な湿地帯に流下していました。

　そうした環境の中で、札幌は山地の北側に位置する水はけのよい扇状地の上に建設されました。そして農地の開墾は、比較的標高が高く、洪水の起きにくい、琴似、山鼻、豊平地域から始まっていきます。

　明治になる少し前の慶応 2（1866）年、札幌村の大友亀太郎が農業用水の確保などのため、鴨々川から水を引き込む大友堀を開削しました。これが札幌初となる人工の水路で、その後の札幌の発展に大きな役割を果たします。

　明治 4 年の札幌の人口は、624 人という記録が残っています。ただし、この人口には周囲の村の人口は含まれていません。

◇土地利用状況等は明治 29 年の札幌の地形図（国土地理院）より推定。
◇図中に赤色で示した川は、新たに人工的に造られた川です。

❷ 明治43年の〈札幌の河川〉

明治43年

　明治3（1870）年、大友堀につなげて吉田堀と寺尾堀が開削され、同7年には創成川と命名されました。また明治7年からは、札幌の市街地を守るために豊平川の左岸に堤防が造られました。さらに、明治20年に琴似新川が開削されたことで創成川の下流ができ、石狩川に合流することとなります。これにより、茨戸川から札幌市街までの船による物資の運搬がさかんになりました。

　明治7年に屯田兵制度ができたこともあり、札幌近郊では開墾が進み、農地が拡大していきます。しかし、函館本線より北側は洪水の常襲地域であったことから、開拓の障害となっていました。

　そこで明治20年、新川が開削されます。農業用水の確保と物資の運搬、さらに北区一帯の洪水を防止することが目的でした。これにより、北区で発生する洪水は大きく減少し、治水効果が上がりました。また農地の排水を目的に明治23年、新琴似で安春川が開削されています。

　こうした排水路の開削もあって農民の入植が進み、明治43年の札幌の人口は、88,841人（豊平町、白石・札幌・藻岩村の一部編入後）となりました。

◇土地利用状況等は明治29年の札幌の地形図（国土地理院）より推定。
◇図中に赤色で示した川は、新たに人工的に造られた川です。

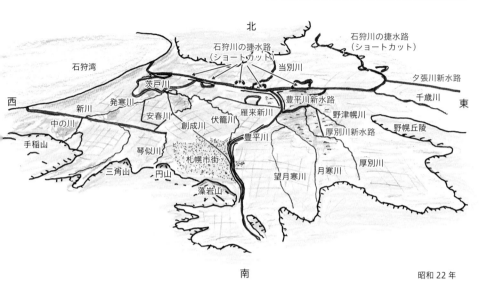

北

石狩川の捷水路
（ショートカット）

石狩湾

石狩川の捷水路
（ショートカット）

当別川

夕張川新水路

西　　茨戸川

発寒川

豊平川新水路

千歳川　　　　東

新川

安春川

雁来新川

野津幌川

野幌丘陵

中の川

創成川

伏籠川

厚別川新水路

手稲山

琴似川

豊平川

望月寒川

月寒川

厚別川

三角山　円山

札幌市街

藻岩山

南　　　　　　　　　　　　　　　　　　　昭和22年

　札幌の北部から東部に広がる、石狩川の広大な氾濫原の洪水防止には、石狩川の水位を下げることが必要でした。明治政府は明治43（1910）年、曲がりくねっていた石狩川をショートカットすることで真っすぐに短くし、洪水を防ぐ治水計画を作ります。そして昭和6（1931）年、ようやく最下流部のショートカット工事を完成させました。そのときに残った旧石狩川が、現在の茨戸川です。

　さらに、石狩川のショートカットを上流に進め、豊平川も昭和16年に完成した新水路で短縮したほか、厚別川にも新水路を設けました。このような本格的な治水工事が行われた結果、低地の水はけがよくなり、農地はさらに広がっていきました。

　加えて将来的な治水対策として、札幌の街を安全にするために「輪中堤計画*」が策定されます。この計画は、札幌の街を豊平川と石狩川の左岸堤防および新川の右岸堤防、さらに石狩湾沿いの砂丘で取り囲むことで、外からの洪水流の侵入を防ぐというものです。以来、この方針で治水事業が進められました。

　昭和22年の札幌の人口は、259,602人（円山町との合併後）となりました。

＊洪水から集落など特定の区域を守るために、その周りを囲むようにつくられた堤防。

◇土地利用状況等は昭和22年の札幌の地形図（国土地理院）より推定。
◇図中に赤色で示した川は、新たに人工的に造られた川です。

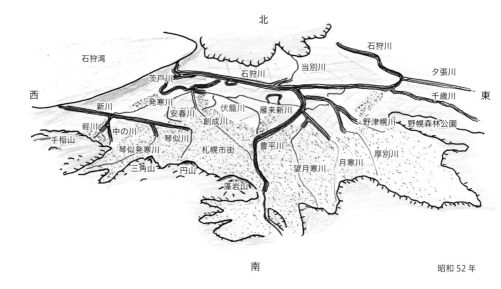

北

石狩湾　　　　　　　　　石狩川　　　　　　　　　夕張川

西　　　　　　　　　　　　　　　　　　　　　　　　　東

昭和52年

　昭和20（1945）年代以降、札幌の人口が急激に増加したことで、市街地や住宅地が拡大していきます。それに伴い、月寒川や厚別川などの新水路が開削されるなどの治水対策が、積極的に進められることになります。北区と東区は、輪中堤の建設が進んだことで水害は減少しました。

　しかし大洪水の際は、石狩川の最下流の水位が高くなり、茨戸川や創成川、伏籠川などの支流の水が流れなくなるバックウォーター現象*が発生し、氾濫が起こります。その結果、昭和50年洪水では5,500戸、同56年8月上旬洪水では5,900戸、同年8月下旬洪水では3,700戸の床上・床下の浸水被害が発生しました。

　こうした被害は、石狩川の水位が高くなり、輪中（堤内）の水の出口がなくなるために発生したものです。

　昭和52年の札幌の人口は、1,305,692人（豊平町、手稲町と合併後）と大きく増えました。

＊豪雨の影響で本流が増水し、支流の水が合流点でせき止められたり、逆流したりする現象のこと。

◇土地利用状況等は昭和52年の札幌の地形図（国土地理院）より推定。
◇図中に赤色で示した川は、新たに人工的に造られた川です。

❺ 令和4年の〈札幌の河川〉

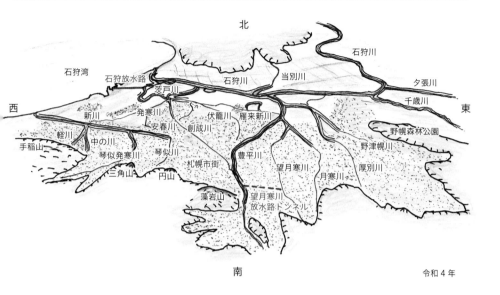

令和4年

　昭和54(1979)年より、北海道開発局、北海道、札幌市、石狩町（現在は石狩市）
による総合治水事業が進められました。石狩放水路の建設により、石狩川のバッ
クウォーターを断ち切り、札幌市内から集まった洪水流を安全に日本海へ流下で
きるようになりました。日本海への出口を新たに造ったのです。同時に、発寒川、
創成川、伏籠川、篠路新川などを改修することで、茨戸川へ流下しやすくしました。
　水はけの悪い低地では、排水機場を設置して集まってきた水をポンプで強制的
に川へ流します（119ページ参照）。さらに、小中学校の校庭や公園などに貯留
施設を設置し（123ページ参照）、大雨時には一時的に水を貯めて下水道へ流さ
ないようにするなどの工夫を凝らしています。
　豊平区の望月寒川では、下流部の河道が狭く水害の危険がありました。しかし、
令和4(2022)年に北海道の市街部で初めてとなる、本格的な地下放水路「望月
寒川放水路トンネル」が建設されました。これにより、洪水を豊平川へバイパス
（迂回）できるようになりました。
　令和4年の札幌市の人口は、1,961,298人（住民基本台帳2022年10月）となっ
ています。

◇土地利用状況等は平成20(2008)年札幌の地形図（国土地理院）より推定。
◇図中に赤色で示した川は、新たに人工的に造られた川です。

あとがき

　札幌は近傍に山や海などの豊かな自然環境を持ち、それでいて約 197 万人が暮らす大都会です。私は毎日、手稲山を眺めながら都心の職場へ通勤しています。便利で生活しやすい街として、これからもずっとこの街で暮らしていくつもりです。

　元来、この土地は洪水氾濫の多いところでしたが、150 年にわたる治水事業によって、今日多くの市民が暮らす都市に発展しました。これは治水事業に携わってきた方々の努力の成果であり、同時に石狩川の上流で、札幌への流出を抑えるためのダムや遊水地、捷水路の工事のために、土地や生活基盤を提供された方々、そして札幌の洪水を防ぐ対策を受け入れてくれる下流域の石狩市や小樽市の市民や漁業者の方々の協力の成果でもあります。札幌に住む私たちは、感謝の気持ちを忘れてはいけないと思います。

　しかし、最近になって気候のはっきりとした変化がわかるようになってきました。地球温暖化の現象が札幌にもあらわれ始めたのです。今後、洪水や土砂災害の発生する危険性は高まり、その規模も大きくなると考えられています。そのため、これまでの治水事業の延長では、被害を完全になくすことができません。今後は、行政や企業、それに私たち市民が、それぞれ力を合わせていくことが必要となります。

　でも、それは決して難しいことではありません。自分の住んでいる土地に起り得る災害について、日々の暮らしの中で家族や町内会で話し合うことが安全につながるのです。札幌市から防災情報が出されたときに、自分がどう行動するかをイメージしておくことが、いざという時に役立つのです。

　本書を活用して、そうした防災を意識した安全な暮らしを実践し、次代を担う子供たちにも伝えてもらえれば、編著者としてこれ以上うれしいことはありません。

　最後に、本書の制作にご協力いただいた札幌市、北海道、北海道開発局、ほっかいどう学推進フォーラムの皆様に、心からお礼を申し上げます。

　令和 5 年 7 月

鈴木 英一

[企画・製作]
一般財団法人北海道河川財団

[編著者プロフィール]
鈴木英一（すずき・えいいち）。公益財団法人はまなす財団理事。1949年北海道夕張市生まれ。北海道大学卒業。北海道開発局長、北海道大学特任教授、（一財）北海道河川財団理事長、伊藤組土建（株）副社長を歴任。博士（工学）、技術士（総合技術監理部門、建設部門）、特別上級土木技術者（土木学会、総合）。著書に『石狩川110年の治水』（北海道河川財団、2021、共著）、『全世界の河川事典』（丸善出版株式会社、2013、共著）、『北海道を支えたインフラ事業の150年（道、港、川そして農地）』（一般財団法人北海道開発協会、2019、共著）。

[執筆者プロフィール]
植松孝彦（うえまつ・たかひこ）。（株）雪研スノーイーターズ会長。1952年長野県富士見町生まれ。北海道大学卒業。（一財）日本気象協会北海道支社気象情報部長、首都圏支社調査部長、（株）雪研スノーイーターズ代表取締役社長を歴任。博士（理学）、技術士（応用理学）。著書に『雪氷調査法』（北海道大学図書刊行会、1991、共著）。

福田義昭（ふくだ・よしあき）。（一財）北海道河川財団 企画部長。1962年北海道愛別町生まれ。旭川工業高等学校卒業。北海道開発局勤務を経て現職。1級土木技術者（土木学会）。

編集協力・写真提供
国土交通省北海道開発局札幌開発建設部、札幌市、
認定ＮＰＯ法人ほっかいどう学推進フォーラム、北海道（50音順）
ハザードマップ出典
札幌市公式ＨＰ「浸水ハザードマップ」
イラスト
鈴木英一
制作協力
オフィス・クニタ、有限会社スクラッチ

知りたい！ さっぽろの大雨災害

2023 年 8 月 19 日　第 1 刷発行
2023 年 9 月 19 日　第 2 刷発行

編著者　鈴木英一
　　　　すずき えいいち

編　集　井上　哲
発行者　和田由美
発行所　株式会社亜璃西社
　　　　〒 060-8637
　　　　札幌市中央区南 2 条西 5 丁目 6-7 メゾン本府 7 階
　　　　電　話 011-221-5396 ／ＦＡＸ 011-221-5386
　　　　ＵＲＬ http://www.alicesha.co.jp/

装　丁　江畑菜恵
印刷所　株式会社アイワード